# Performance Consulting

## A Strategic Process to Improve, Measure, and Sustain Organizational Results, 3e

# 绩效咨询

## （第3版）

[美] 达纳·盖恩斯·罗宾逊（Dana Gaines Robinson）
詹姆斯·C. 罗宾逊（James C. Robinson）
杰克·J. 菲利普斯（Jack J. Phillips）
帕特丽夏·普利亚姆·菲利普斯（Patricia Pulliam Phillips）
迪克·韩肖（Dick Handshaw） 著

易虹 张雪瓴 译

電子工業出版社
Publishing House of Electronics Industry
北京·BEIJING

Dana Gaines Robinson, James C. Robinson, Jack J. Phillips, Patricia Pulliam Phillips and Dick Handshaw: Performance Consulting: A Strategic Process to Improve, Measure, and Sustain Organizational Results, 3e
ISBN: 978-1626562295


版权贸易合同登记号 图字：01-2016-1548

**图书在版编目（CIP）数据**

绩效咨询：第 3 版 /（美）达纳·盖恩斯·罗宾逊（Dana Gaines Robinson）等著；易虹，张雪瓴译. —北京：电子工业出版社，2016.10

书名原文：Performance Consulting: A Strategic Process to Improve, Measure, and Sustain Organizational Results, 3e

ISBN 978-7-121-29976-6

Ⅰ. ①绩… Ⅱ. ①达… ②易… ③张… Ⅲ. ①企业管理－人力资源管理 Ⅳ. ①F272.92

中国版本图书馆 CIP 数据核字(2016)第 232838 号

策划编辑：晋　晶
责任编辑：袁桂春
印　　刷：北京虎彩文化传播有限公司
装　　订：北京虎彩文化传播有限公司
出版发行：电子工业出版社
　　　　　北京市海淀区万寿路 173 信箱　　邮编 100036
开　　本：720×1000　1/16　印张：16.75　字数：214 千字
版　　次：2016 年 10 月第 1 版（原著第 3 版）
印　　次：2023 年 5 月第 17 次印刷
定　　价：69.00 元

凡所购买电子工业出版社图书有缺损问题，请向购买书店调换。若书店售缺，请与本社发行部联系，联系及邮购电话：（010）88254888，88258888。

质量投诉请发邮件至 zlts@phei.com.cn，盗版侵权举报请发邮件至 dbqq@phei.com.cn。

本书咨询联系方式：（010）88254199，sjb@phei.com.cn。

# 译者序

## 极简方能不被超越

我最初接触到绩效咨询是因为一本小册子 *Zap the Gaps!*（《缩小差距》，中信出版社，2002），由本书的作者之一詹姆斯·C·罗宾逊与肯·布兰佳合著。当时我从事绩效改进工作已经有两年时间，正在寻求将绩效改进用于企业业务结果的改进。

管理学科各分支的发展都有一个共同的特点，就是起源于一个特殊的场景。开始的时候发现某种方法或模型很有效，但是适用条件很受限制。随着人们拓宽应用范围，理论会变成越来越复杂，最终成长为一个庞然大物。这样就使得初学者无法快速掌握，逐渐出现理论和实践的脱节。

我从2009年开始在国内推广绩效改进时就面临类似的情况。经过六十多年的发展，它已经成为一个非常庞大又复杂的系统。而我希望将整个系统学会，然后再据此发展出解决每个特定问题的方法，这需要经年累月的研究和学习。对于在企业中工作的朋友们来说，这既不经济，他们也没有这个时间和耐心。

所以为了推广的方便，我在2010年开始摸索一条学习的路径，希望将学习和实践结合起来，不必非学到很高深的程度才能解决问题，而是能做到边学边用，让刚开始学习的初学者就能使用绩效改进的方法解决一些简单的问题；让资深的学习者可以解决复杂的和系统的问题。这个研究的成果就形成了后来的“国家绩效改进师”认证系列中的初级、中级和高级课程。

在最初的研究过程中，我陷入浩如烟海的文献和资料之中，阅读、梳理和提炼相关的知识耗费了我大量的精力，直到有一天，我遇到了《缩小差距》这本中译本的小册子。这本书中提到了一个关键的模型——商业需要-绩效需要-工作环境和能力需要。这个简单的模型，构建起了业务中遇到的问题和我们所需要掌握的能力之间的桥梁，使我从整理资料中摆脱出来，重新建立了从问题出发的视角，反过来依据问题的简单到复杂，建构了绩效改进方法的学习路径。而这个新的学习路径，帮助了很多初学者入门，在不断挑战问题的过程中激发了进一步学习的兴趣，并在每一次使用新的绩效改进方法解决了问题后获得成就感和满足感。

后来见到了这本小册子背后的专业书籍，就是《绩效咨询》，使我更全面地理解了这个体系。在 2016 年年初的 ISPI（国际绩效改进协会）的年会上，我有幸与本书的作者进行了深入的交流，在他送我的新版《绩效咨询》的合著者中，我又惊喜地发现了我的老朋友杰克 · J · 菲利普斯博士贡献了测量一章的内容，使本书更加完善。

新书的几位合著者都是绩效改进领域的思想领袖，都获得过 ATD 和 ISPI 的最高奖项，可谓大师云集。所以我迫不及待地把它翻译过来，介绍给中国从事人力资源和绩效改进领域的朋友们。

在本书的开篇就告诫大家：不要直接跳到解决方案，要致力于绩效。在做绩效改进的过程中，我们有时候会急于出发，而忘了当初为什么出发。在没有搞清楚问题产生的原因时，就迫不及待地采取行动，常常导致“走错误的路到不了正确的地方”。

对我个人来说，书中最有价值的是“目标-现状-原因逻辑”和“绩效咨询过程的九步法”。在绩效改进的实践中，我发现搞清楚达成绩效的要素和逻辑至关重要，找到了这个逻辑就找到了提高绩效的着力点，因此我在咨询工作的第一步就是构建绩效改进的“关键价值链”。比如，当我们想提高一个门店的营业收入时，我们要先找到构成收入的关键价值链：客流量－成交比－客单价－购买频率，然后就可以在这四个方面想办法。而“绩效咨询过程的九步法”是一个咨询的流程。它为我们提供了一个咨询工作的框架和顺序，就像解决问题的地图一样。有了它，我们就再也不用像盲人骑瞎马一般地四处乱撞。

当然，需求的层次框架对初学者也是便利的法门，它是构成绩效咨询的心智模型的第一个元素。在本书中，我为了与其他绩效改进著作保持概念上的一致，把它重新翻译成：业务需求－绩效需求－组织能力需求和个人能力需求。

就整体而言，我推荐这本书最主要的原因是它的实操性。《绩效咨询》是从实际应用的可行性出发，因此它摒弃了艰深和复杂的理论，把绩效改进的过程和方法提炼的非常直接和简单。

而多年的经验告诉我，在日常工作中，只有简单的才可能是有效的。

易虹

国际绩效改进协会中国分会主席

华商基业管理咨询有限公司首席绩效改进专家

2016 年 9 月 3 日

# 前 言

“你觉得我们合写《绩效咨询》(第3版)如何?”

——在2013年的ISPI大会上,

杰克·J·菲利普斯在与詹姆斯·C·罗宾逊和达纳·盖恩斯·罗宾逊的谈话中这样提起

当杰克·J·菲利普斯向我们提出这个问题的时候,我们惊呆了。我们在2011年就卖掉我们工作室的知识产权,退休了。我们当时相信2008年出版的《绩效咨询》(第2版)将是本书的最后一版。然而,一想到再出一版,我们依然感到兴奋不已!

在后来与杰克·J·菲利普斯、帕特丽夏·普利亚姆·菲利普斯及迪克·韩肖的谈话中,有一点变得很明显,那就是与他们三位合著第3版不仅可能,并且新一版会因整合我们每个人的观点和经验而变得更加丰富。迪克从他的咨询实践中带来了全新的应用与案例,这些应用与案例运用了绩效咨询的方法。杰克·J·菲利普斯和帕特丽夏·普利亚姆·菲利普斯则带来了他们关于测量和评估的大量研究成果。而我们提供了30年来不断演化进步、经过从业者平日多方验证的绩效咨询模型与方法。于是,我们开始联合创作,最终才有了这本书的出版。

## 绩效咨询——过程有什么变化

在思考自 1995 年《绩效咨询》（第 1 版）出版以来发生的所有变化时，我们想到了一句话："书籍是静止不动的，知识却不是这样。"在这个过程中，有一个变化是与在工作中运用绩效咨询方法的人们相关的，在我们开始探索人力绩效改进领域时，绩效咨询被认为是学习与发展领域的应用。现在绩效咨询则是一个被一系列职能部门广为采纳的过程，在学习与发展职能之外还包括人力资源、人才管理和组织发展。在管理咨询公司工作的最后五年当中，我们帮助财务、信息技术（IT）和质量职能部门的人，将绩效咨询原则与实践整合到与客户的合作过程中。最重要的是，绩效咨询这一过程能够通过影响力推动而非强制命令，帮助客户实现组织变革、提高人力绩效并影响组织业务。

1995 年，我们在绩效咨询上的知识几乎全部基于美国公司的经历。从那以后，我们的书被翻译成多种语言，也帮助了全球各地的职能部门运用绩效咨询模型和逻辑来进行战略性的运营。从我们以及合著者的工作中得知，绩效咨询这个过程被用于亚洲、欧洲、中东和南非。这种全球性的经验丰富了绩效咨询过程及本书的内容。

甚至我们对绩效咨询的定义也改变了。20 年前，我们主要关注客户和顾问如何合作以取得最佳的人力绩效。几年前，我们强调绩效咨询的关系方面，因为许多人要么是专家，要么是从业者，诠释了彼得·布洛克（Peter Block）的著作（2011）。我们也关注能够提高对业务带来影响的人力绩效。

时代在改变，绩效咨询的定义也变了。现在我们将绩效咨询看成一个通过优化人力绩效和组织绩效来产生业务结果的战略性过程。客户与顾问的合作伙伴关系仍然是这个过程的核心部分。但是现在，我们的重点在于绩效咨询的过程。这个过程是战略性的，因为它从企业长期的、对使命至关重要的需求与目标着手，直接解决这些需求与目标。另一个改变是，我们比以前更强调，若要取得业务结果，就需要提高个人绩效和组织绩效。

## 绩效咨询——本书有何不同

这个版本包含了几位作者最近咨询工作中的最新实践与案例。术语也有所改变，以反映当今的商业世界，模型本身也有所更新。读者将感受到的最主要的改变，是关于如何测量绩效咨询行动计划这个模块。在之前的版本中，测量也是行动计划的一部分。但是，我们对如何计划和实施这个过程的测量部分没有提出什么建议。杰克·J·菲利普斯和帕特丽夏·普利亚姆·菲利普斯提供了他们在这个关键部分深入研究的知识。与他们合作后，我们发现自己的绩效咨询模型和方法可以与他们过去几年中提出和验证的测量模型结合起来，这是一件幸事。结合的结果就是一本描述整个绩效咨询过程的书，这个过程包括响应客户最初的需求，形成测量策略，实施解决方案以及报告业务与绩效结果。

## 什么保持不变

当初写《绩效咨询》（第 1 版）的初衷及主要观点，到目前仍然保持不变：太多人仍然支持跳到解决方案的方式。换句话说，当客户提出一个需求时，谈话很快就跳到决定将用于“解决”这个问题的方案。这种方式为什么一直存在，有几个原因：组织中的许多人偏向于行动，不愿花时间确保解决方案恰当而充分，然后，一旦耗费了资源而问题却仍然存在，谈话就转向责怪。显然，在判断行动能否带来成功之前就偏向于行动，是不合理的。绩效咨询是一个系统地防止直接跳到解决方案的过程，它要求我们：（1）致力于解决正确的问题；（2）实施正确的解决方案；（3）将重点放在实现和测量正确的结果上。

我们仍然相信，绩效咨询既包括艺术的方法也包括科学的方法。艺术的方法可以通过绩效顾问与客户建立关系，双方共同致力于提高人力绩效与组织绩效以实现业务结果的过程来体现。科学的方法既包括绩效顾问运用的心智模型和逻辑，还包括设计方法和来自评估、测量活动的数据报告。正是这种基于证据的方式，帮助我们避免了当今所用的太急于“跳到解决方案”的战术。本书将详细描述艺术和科学的每个组成部分。

本书秉承了之前版本的实用方式。

- 如何做：来自我们作者团队的咨询实践中的案例。这些案例介绍了人们在实际工作中如何运用我们在本书中讨论的实践以及他们所取得的结果。
- 捷径：关于如何可靠、高效地完成绩效咨询过程中某个阶段的建议。
- 本章要点：出现在每章的结尾，它总结了读者可以吸收和运用的要点。
- 下载：列出了本书中描述到的、可供下载并用于你日常实践的工具、检查清单和图形。这些工具可以到 Berrett-Koehler 网站上获得。关于如何购买和下载这些工具的完整信息，请参见本书最后几页的“绩效咨询与测量工具”。

## 本书为谁而写

本书是为在组织中所有以人为中心的职能部门工作的人们所写，包括人力资源（Human Resource, HR）、学习与发展（Learning and Development, L&D）、组织发展（Organization Development, OD）和人才管理者。在这些职能部门工作的人，有不同的工作和角色头衔。在本书中，我们将用绩效顾问来称呼这些人，不管他们是在组织内部还是外部。

无论你是在营利组织、非营利组织，政府组织还是非政府组织，绩效咨询的方法和过程都与你息息相关。这些组织都有必须实现的、运营性质的目标，还有其绩效对实现这些目标至关重要的员工和经理。

前面提到过，现在我们知道，绩效咨询方法与在组织中其他支持职能部门中工作的人们也是相关的。这些职能部门包括但不限于质量、IT、财务和运营。这些职能部门中的个人在商业行动计划上与客户形成合作伙伴关系，努力通过影响和协作的实践来实现结果，这些实践构成了绩效咨询的艺术。从判断问题的根本原因入手，而不是直接跳到解决方案，这是一种有用的方法。

最后，外部顾问也能在本书中找到一些相关性。外部顾问与不同组织中的一个或多个客户形成合作伙伴关系。通常，这些顾问和客户的共同目标是通过人力绩效和组织绩效来改善业务结果，这是绩效顾问的范围！

## 本书内容概述

本书前两章为绩效顾问提供了咨询框架的步骤流程与逻辑。在第 1 章中我们描述了绩效咨询过程的九个步骤。第 2 章描述了引导绩效顾问思考与行动的逻辑与心智模型。这两章可以看作在描述绩效咨询“是什么”（心智模型）和“如何做”（过程）。本书的其他部分深入讨论了在执行绩效咨询过程中每个步骤时的最佳实践与方法。这些步骤组成了四个工作阶段。

## 第 1 阶段：识别战略机会

第 1 阶段关注识别战略机会。我们所说的“战略机会”是指企业或组织为保证长期成功而必须实现的结果。通过与负责业务结果的管理者所建立的合作伙伴关系，我们接触到了能够从我们的工作中受益的项目。第 3～5 章提供了加深客户合作伙伴关系以及被动或主动识别战略机会的方法。

## 第 2 阶段：评估业务和绩效需求

绩效咨询过程的第 2 阶段关注评估与特定情况相关的业务和绩效需求。在第 6～8 章，我们描述了如何评估目标、现状及两者差距的根本原因。一旦知道了根本原因，就可能选择合适的解决方案。我们不讨论如何设计提高人力绩效与组织绩效所需要的解决方案。已经有成千上万本书专述解决方案的设计。我们讨论的是如何与你的客户决定所需要的解决方案。

## 第 3 阶段：实施和测量解决方案

测量的计划开始于决定了行动计划的目标以及要实施的解决方案的时候。这就是我们说测量是前端的过程的意思：计划是在你实施解决方案之前就开始了。第 9 章介绍了将绩效咨询与测量过程整合起来的校准与测量模型。这个模型有五个测量级别，对应于解决方案实施之后能带来的影响级别。要重点关注哪个（或哪些）级别以及如何设计合适的测量过程，这是包含在这部分的话题。第 10、11 章描述了制定测量战略及分析获得的数据，包括投资回报率的方法。

### 第 4 阶段：报告和推动可持续结果

一旦知道了测量结果，很关键的一点就是要与客户和其他利益相关方分享发现。这就是众所周知的绩效咨询行动计划的关键时刻了。我们取得了哪些业务和绩效结果？哪些结果是令人不满意的？为什么？我们如何长期地推动可持续结果？第 12 章回答了这些问题。

## 致谢

作为一个作者团队，我们感谢那些在最开始帮助我们写这本书的所有人。包括在此过程的一开始联系的、讨论当前的研究与趋势的人，他们是伊莱恩·碧柯（Elaine Biech）、马克·埃弗龙（Marc Effron）、安·海尔曼–内赫迪（Ann Herrmann-Nehdi）、帕特·麦克拉根（Pat MacLagan）和诺姆·斯莫尔伍德（Norm Smallwood）。不少人读了本书的好几稿，为我们提供了宝贵的建议和评论，促进了本书的不断改进。我们的评审者包括克里斯·亚当斯（Chris Adams）、保罗·巴特勒（Paul Butler）、加里·德保罗（Gary DePaul）、托拉·埃斯特普（Tora Estep）、简·拉金（Jean Larkin）、斯蒂芬·曼德沙伊德（Steven Manderschied）和利·威尔金森（Leigh Wilkinson）。另外，还要感谢芭芭拉·桑顿（Barbara Thornton）提供了本书所包含的一个深度案例。

特别感谢投资回报研究所（ROI Institute）的霍普·尼古拉斯（Hope Nicholas）在本书编写过程中所提供的编辑与行政支持。她是一位真正的专业人员！我们还要感谢整个 Berrett-Koehler（BK）团队。作为作者，我们已经与 BK 合作出版了多本书；每次经历都离不开与这个组织密不可分的才能及合作承诺的肯定。感谢你们提供再次与你们合作的机会。

感谢我们在过去几十年中合作过的许多客户。正是在他们的组织以及通过与他们的绩效咨询与测量行动计划的合作中，我们形成了最佳实践与过程的共同想法并进行了检验。

最后，感谢我们作者团队中的每个人。我们一起合作了一年多，我们每个人都学到了许多，并且再次体验到了与他人协同工作的愉快。

达纳·盖恩斯·罗宾逊和詹姆斯·C·罗宾逊

# 目 录

## 第1阶段 识别战略机会



## 第2阶段 评估业务和绩效需求

## 第 3 阶段　实施和测量解决方案

## 第 4 阶段 报告和推动可持续结果

# 引　言

# 不要直接跳到解决方案，要致力于绩效

思考下面这些在当今组织中经常发生的场景中的问题：

- 一家技术公司中的销售代表负责销售大型企业级系统。虽然他们达到营收目标，但没有实现销售的利润目标。企业销售的副总裁和他的人力资源战略伙伴决定改变薪酬计划，在薪酬上更强调销售利润。
- 一家制造企业中违反安全条例的情况有所增加。企业决定让所有操作工及其主管重新参加安全培训课程。该课程这些人一年前全都上过，但从来没有测量过员工在工作中的实际绩效是否有所改变。
- 一家连锁酒店的管理层对过去四个月客户满意度评分越来越低表示了担忧。在此期间，有大量新进的前台员工。一位高级主管请求与首席人才官会面并讨论改变前台职位选拔标准和过程。显然现在这个过程没能识别出具有良好客户沟通技能的人。

这些场景有哪些相似之处？

1. 它们用直接跳到解决方案的方式，很快从确定的问题跳到请求一种解决方案。

2. 在就解决方案达成共识之前，没有识别问题的根本原因。

3. 就像第二个场景所表明的，结果的测量没有计划，也没有完成。

## 有什么其他方法

我们的方法是，利用绩效咨询过程与客户形成合作伙伴关系来：

- 将业务战略转化为人才需求。
- 识别工作中影响业务结果的绩效差距，包括当前的差距和未来的差距。
- 确定业务和绩效结果中差距的根本原因，并形成解决这些问题所需要的战略计划和解决方案。
- 在解决方案实施的前端形成测量策略。
- 实施产生可测量、可持续结果的解决方案。
- 测量结果，与管理层一起决定将来所需的一切行动。

根据组织业务的战略需求来调整策略，如人力资源和培训的解决方案，这个观点并不新颖。以战略需求为主题的书籍与信息无处不在。遗憾的是，人力资源、学习与发展及组织发展领域的太多人仍然更偏向战术（关注点在于解决方案的设计和实现）而不是战略（关注点在于实现业务结果）。有大量的研究可以支持这点。为简洁起见，我们只引用一个研究。劳勒（Lawler ）和布德罗（Boudreau）对人力资源的战略合作伙伴角色进行了纵向研究。他们于 1995 年开始研究，一直进行到今天，结论如何呢？自从 1995 年以来，这期间只发生了微小的变化。“毫无疑问，商业环境在过去 20 年发生了显著的变化，但大多数组织的人力资源职能看上去和 10 ~ 15 年前并没有很大的不同……另一方面，就人力资源职能需要如何改变，众多人都同意：

它需要更具战略性，更多地作为合作伙伴。”（劳勒和布德罗，2012，p.152）。

本书是为致力于提高人力绩效并贡献于业务结果的人们写的。关注要实施的解决方案，而不是从需要的业务结果开始，这种方式已不再是一种选择。我们可以也必须用不同的方式。本书使用了大量的工具和方法，提供了一个经过证明的过程，该过程可让你从事更具战略性的工作，与管理层形成合作伙伴，通过人力绩效改进方案来实现和测量可持续的业务结果。

## 绩效咨询过程

我们将绩效咨询定义为，一个通过优化人力绩效与组织绩效来产生业务结果的战略性过程。让我们更详细地看看该定义中的元素。

### 战略性过程

绩效咨询过程是一个定义明确的、产生对业务有重要影响的战略结果的步骤流程。这些结果在范围上是长期的，与组织的可持续成功直接相关。这个过程的步骤分为四个工作阶段。

第 1 阶段：识别战略机会。在这个阶段，你与客户建立稳固的合作伙伴关系，以便接触到客户的战略机会。

第 2 阶段：评估业务和绩效需求。在这个阶段，你评估业务和工作中的绩效需求，判断所识别的差距的根本原因。

第 3 阶段：实施和测量解决方案。有了评估的数据，你与客户形成合作伙伴关系，来识别和实施解决方案。测量是前端的过程，而不是在解决方案实施之后才决定。取得测量数据是一个发生在整个实施工作阶段的活动。

第 4 阶段：报告和推动可持续结果。将结果报告给客户，和他们一起决定为推动可持续结果或当结果不充分时为进行调整而必须采取的行动。

作为咨询顾问，需要成功地运用哪些关键能力？你必须具备将业务需求转化为人力绩效需求和组织需求的能力。你需要具备向客户问强有力的、具有启发性的问题的自信和能力。你的工作不是得到答案；而是问正确的问题，然后与客户形成合作伙伴关系并决定答案。与成功的咨询顾问密不可分的还有一点，那就是要对解决方案保持中立。这意味着你事先不对需要什么样的解决方案构思好想法。你要由数据驱动，基于证据，这与现在还很流行的跳到解决方案的方式有很大的不同！本书描述了如何证明这些能力。

### 优化人力绩效与组织绩效

这是你和客户、与你形成合作伙伴关系的管理层的共同目标。为实现业务结果，工作中的人们做什么、组织如何为期望绩效提供支持，以及成功所要求的业务目标之间必须保持一致。在确保这种一致成为现实上承担主动的角色，是你与客户的共同责任。你还要负责结果是否已经实现的可靠性，这意味着你要开始测量结果。如果目标已经实现，问题就变成如何维持这些结果。但是，如果结果令人失望，那么问题就变为决定未来需要采取什么行动以继续前进。绩效咨询是为了实现植入到组织中的变革。

## 证据

大多数人都承认，与只是作为解决方案提供者相比，从事战略性工作给组织带来的结果更好。为取得的结果提供数据和测量，是组织管理层所看重的。这两点都满足所谓的“表面效度检验”。但是，在这样一本信奉测量的书里，我们认为，提供证据来证明当人力资源、组织发展和学习领域的专业人士战略性地开展工作时业务会受益，这非常重要。因此，请思考以下发现：

- 当组织障碍移除、人力资源业务合作伙伴变得更具战略性时，他们可以使员工的绩效提高 22%、员工任职期延长 24%、收入提高 7%、利润提高 9%（CEB Corporate Leadership Council，2014）。
- 运用绩效咨询过程的学习型组织有助于发现一种一致的、结构化的方式来与领导者建立信任及培养良好的关系。时间一长，这些关系将使学习型组织变成与业务高度一致的、战略性的合作伙伴，提高学习型组织发挥价值并对业务、业务目标及最终对业务利润做贡献的能力（Bersin By Deloitte，2014）。
- 高影响力的学习型组织（High-impact Learning Organization, HLO）的利润增长速度比其他组织快三倍。卓越的绩效咨询是这些突出的 HLO 的重要能力之一（Lawler，Jamrog 和 Boudreau，2011）。
- 强调数字的人力资源领导者往往倾向于看到人力资源职能在影响力和效率上的最大效益，因此，为了使人力资源职能被视为一个可靠的职能，人力资源领导者需要数据和分析来表明人力资源组织是如何有效运作的，以及人才管理系统是如何执行的（CorpU，2010）。

以前默认的直接跳到解决方案的方式已经行不通了；维持现状也不是一种可靠的战略。我们必须转移到一种更具战略性、由数据驱动的、可测量的运作方式上来。绩效咨询过程是经过验证的。战略性地开展工作，这一需求是当前所需。能实现这点的人是你。我们鼓励你将本书作为一个指南和资源，体验来自在你的组织中引领受重视的、可测量的和可持续的变革的成就感。

# 第 1 章

# 绩效咨询：过程

“如果你不能将你正在做的事情描述为一个过程，那么你就不清楚你在做什么。”

——W · 爱德华 · 戴明（W. Edwards Deming）

什么是绩效咨询？我们将其定义为一个通过优化人力绩效和组织绩效来产生业务结果的战略性过程。之所以使用“战略性”这个词语是有目的。首先，战略性工作是一种对维持未来组织业务与组织成就至关重要的工作类型。而绩效咨询是一个与管理层协作配合，支持此类型工作的过程。虽然如此，战略性工作却并非我们唯一可以给予支持的工作类型。因此，本章在开篇介绍了绩效咨询顾问可以支持的工作类型及需要建立伙伴关系的人群，随后，则开始描述绩效咨询的具体过程。

## 工作类型

在专门阐述“员工”职责时，绩效咨询顾问通常会接触到三种类型的工作。

## 事务性工作

事务性工作从本质上来说是行政工作。通常这类工作用来满足特定个人或群体的需要。比如，经理寻求如何解读组织政策的指导，或者员工询问费用报销状态，这些就被称为事务性工作的内容。再比如，采购经理需要处理关于供应商的请求，客服代表需要回答来自顾客的问题——这些也都是事务性的请求。这类工作必须高效、及时地完成。它的重要性不容小觑，然而这些却并非战略性工作。事务性工作越来越多地被外包出去，或者通过运用技术转换为自助服务。当今，许多企业人力资源、学习与发展、组织发展及一些其他事务性工作就是通过这种替代方式来完成的，以便释放出时间，让企业员工有更多机会把精力放在战略性工作上。

## 战术性工作

战术性工作旨在设计并实施可以达成优秀组织绩效的解决方案。比如说，采用在线教育的方式来进行合规培训，或者引进一种更高效的工作流程等。所以，战术往往是需要支持战略的。问题在于，许多战术解决方案与战略目标的联系很小，更有甚者根本毫无联系。在这样的情况下，解决方案本质上的形式就是活动或项目。有多少次我们见到过，管理者把取得更大、更明显成效的希望寄托于某些单一的变革（如职能重组）。然而，随着时间的推移，这种明显的成效并没有实现，因为其他一些必要性的变革没有一同实施。或者请再想想，针对几百人展开一个与企业目标关联性很小的培训，所得到的结果又会如何呢？所以说，如果解决方案仅仅是某一独立的战术行动，那么在实施之后，能够长期影响业务结果的可能性则微乎其微。当然，也不能一概而论。例如，在考核认证员工处理特定项目的胜任力方面，单一的解决方案是合适的。但更多时候，单一的解决方案并不能带来针对组织绩效或业务结果的长期可持续变化。相反，它们却消耗了组织宝贵的金钱、人力和时间等资源。

## 战略性工作

战略性工作的实施有利于达成组织长期的总体目标并获取组织利益。它必须有清楚的业务目标来指引实施该目标的员工的具体绩效需求。战略性工作包括战术性工作——没有战术的战略性工作只是空想。作为绩效咨询顾问，我们要确保为组织设计和实施的战术能够直接支持一个或多个组织战略目标。

你如何知道你是在致力于战略性工作呢？以下，就是战略性工作的特征：

- 它关注业务部门、组织职能或企业整体。它关注的是宏观而不是微观。
- 它是长期范围的工作，经常采取能让组织长期（超过一年或更多年）而不是短期（下一季度）受益的行动。
- 它直接关系到组织的一个或多个业务目标或需求。
- 战略性工作在初期是制定中性解决方案。绩效咨询顾问的角色是，在开始制定战术性安排之前，与客户一同识别并发现组织的问题与机遇。
- 它需要多个行动一同实施，单一的解决方法没有办法获得战略性的成果。

作为绩效咨询顾问，重要的是关注需要达成战略结果，而不只是把精力放在要实施的战术解决方案上。你要确保你不只是在做事，而且是在做正确的事。第 6 章到第 8 章将帮助你完成这点，因为做正确的事一般需要一定的评估过程。

## 我们在绩效咨询过程中的合作伙伴

当站在战略的角度开展工作时，你关注的是最终要将成果交付给组织。然而，你并不能独自获得这些成果。许多因素是受组织当中的领导者控制的，这些因素只能由这些领导者来改变。要成为成功的绩效咨询顾问，与这些人形成合作伙伴关系就变得至关重要。

在执行任何一种绩效咨询行动计划时，清晰识别出应与你形成合作伙伴关系的合适人选是很重要的。我们用“客户”这个词来指应与你形成合作伙伴关系的个人。你也可以用其他的术语，如顾客或合作伙伴。绩效咨询顾问经常犯的一个错误就是，迟迟无法判断出他们是否正在与“真正的客户”合作。客户的判断标准包括：

- 承担达成企业内部目标的义务并且会因行动计划的成功（或失败）而获益（或受损）。
- 具有推动事情发生的权威和权力，包括为特定行动计划获取所需要的资源。
- 处于命令员工的管理链条上，能够以某种方式改变员工的绩效。
- 经常，但不总是，作为行动计划的发起者与初级投资方。

### 客户

客户有两种：持续型客户和项目型客户。

持续型客户除了满足上面列出的标准外，由于他们在组织中的位置和影响力，无论当前的项目或行动计划是什么，他们一直与绩效咨询顾问保持独立且长久的合作伙伴关系。也就是说，这些客户与顾问之间的联系沟通是持久并且连续不断的。一般来说，持续型客户多为组织的中上层管理者，包括总裁、执行总裁、副总裁、首席运营官、总经理、区域经理和总监。

项目型客户只是在特定项目上满足上面列出的关于客户的标准。顾问与项目型客户之间的沟通在项目生命周期内是稳定的，但在项目完成之后就会减少。也就是说，项目完成以后，由于项目型客户的职位与权力的限制，绩效咨询顾问与他们之间的这种密切沟通不确定是否会继续保持下去。但是，由于他们对特定项目的重要性，绩效顾问需要在整个行动计划中与其保持稳固的合作伙伴关系。通常，项目是由客户团队支持的，由几个人负责行动计划的某个方面。他们以团队协作的形式来支持项目。例如，如果业务目标是成功地在市场中引入一个新产品，那么客户团队可能由销售副总裁、市场营销副总裁和供应链管理副总裁组成。企业范围的项目几乎总是需要客户团队。

但是，这当中体现了战略性工作的另一个特征：绩效咨询顾问只有当他们能够直接接触该行动计划的客户时，才能开始战略方面的工作。作为绩效咨询顾问，你要能够在客户制定关于绩效和业务目标的决策时影响客户。试想，如果你不能直接接触某个人，那就几乎不可能去影响他。所以，你更有理由认真思考你将需要与哪些人保持持续的客户关系。我们将在第3章中讨论接触持续型客户并与之加深关系的方法。下面是你要考虑的两个重要的问题：

1．现在我在组织中与谁具有持久的合作伙伴关系？

2．我应该与谁形成持久的合作伙伴关系？

### 利益相关方

利益相关方是当今经常用于项目和行动计划中的一个术语。我们希望澄清利益相关方和客户之间的区别。客户负责和拥有行动计划要实现的业务结果。例如，客户负责实现销售目标，提供优秀的客户服务或实现利润目标。客户还是最终的决策者。虽然利益相关方对结果也有很大的贡献，也可能负责实现结果的某个部分，但他们不负责全部结果。如要提高绩效的员工的一线主管，作为利益相关方，主管要为他们管辖范围内的结果负责。他们也将对整个行动计划的结果具有重要的影响。他们可以强调在工作中用一种新方法的重要性及该方法将如何帮助部门达成指标。因此，在设计与实施解决方案时，应考虑鼓励利益相关方的策略。

员工不是利益相关方；他们是要改变绩效的个人群体。员工将从利益相关方的行动中受益或受损。要记住很关键的一点：最终的决策者及你在行动计划中的合作伙伴是客户。然而，成功的绩效咨询要求与利益相关方交互，也要求利益相关方的参与。

## 绩效咨询过程

作为绩效顾问，我们用多种方式去了解改进业务结果的需求——例如，与一线经理客户谈话，来自中层管理者的请求，来自专家的警告。改进业务结果的需求是在“前端”识别的。如果这种需求是有正当理由的，它就会启动一个过程，结果是业务得以改进以及“后端”可测量的绩效结果。让我们来看看图 1.1 所示的绩效咨询过程所包含的步骤。

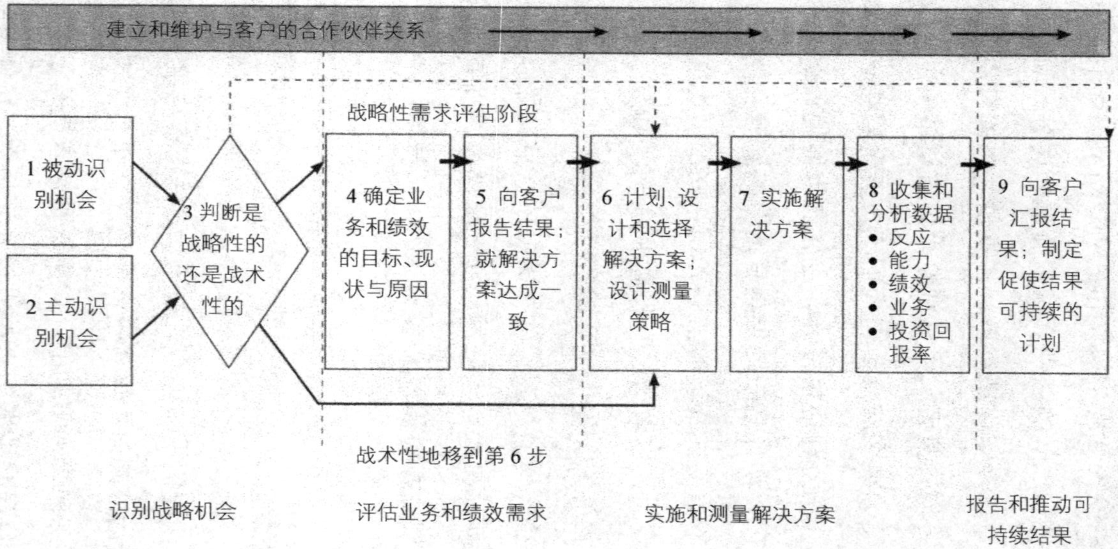
建立和维护与客户的合作伙伴关系
战略性需求评估阶段
1 被动识别机会
2 主动识别机会
3 判断是战略性的还是战术性的
4 确定业务和绩效的目标、现状与原因
5 向客户报告结果；就解决方案达成一致
6 计划、设计和选择解决方案；设计测量策略
7 实施解决方案
8 收集和分析数据
• 反应
• 能力
• 绩效
• 业务
• 投资回报率
9 向客户汇报结果；制定促使结果可持续的计划
战术性地移到第 6 步
识别战略机会
评估业务和绩效需求
实施和测量解决方案
报告和推动可持续结果

图 1.1 绩效咨询过程

## 识别战略机会

绩效咨询过程的第一个阶段涉及的活动与识别我们与客户合作的机会相关。有时候这些机会是以被动的方式识别的（第 1 步）。这发生在客户请求特定解决方案的时候。在这种情况下，目标是要对请求进行重构，使关注点在客户寻求的结果上，而不是在客户请求的解决方案上。重构的方法在第 4 章中介绍。

与客户形成合作伙伴的机会也可以通过主动的方式识别（第 2 步）。用这种方式时，你主动发起与客户进行关于未来目标的讨论。你要提高客户对与特定目标相关的因素的意识。这些因素可能包括如何最好地组织一个工作群体来实施一项新的战略或如何判断主管是否准备好支持新的战略。关键是要讨论客户当前没有看到的却对业务结果有影响的绩效问题。主动识别的方法将在第 5 章介绍。

不管需求是主动还是被动识别的，你需要对情况进行充分探索，以决定这种情况是以战略性的方式（需要一定的评估）还是以战术性的方式（直接进入解决方案的实施）来管理更合适。这些决定发生在这个过程的第 3 步。这代表你将进行的一个关键决策，通常是在不断讨论中产生的。作为绩效顾问，你有责任对需求进行分类和筛选，用你从客户那里得到的信息来决定采取什么路线最合适。战略性的机会满足下列条件：

- 该行动计划直接支持一个或多个业务需求。
- 你能直接接触到负责该业务需求的客户。
- 客户在寻求一个或多个部门的员工的绩效改变。
- 客户愿意与你共同承担需求改变产生的责任。
- 客户让你有时间可以接触到合适的人，以便你可以在决定和实施解决方案之前获得必要的信息。

- 关注的是一群人，而不是少数几个人。

想成为战略性机会，必须满足上述所有条件。有可能在早期时某个条件还不明显。例如，第 4 条——客户愿意与你分担需求改变产生的责任，只和客户开一次会通常是很难确定的。客户是否真的愿意长期分担责任？一旦有证据表明客户不愿意分担需求改变产生的责任，那首先要解决缺乏支持的问题——甚至可能要终止该行动计划。

## 评估业务和绩效需求

一旦被判断为战略性的机会，就必须进入这个过程的评估阶段。在这个阶段，你要进行第 4 章到第 6 章的一种或多种评估。你要进行解决方案中立的评估。我们所说的解决方案中立，是指你在开始评估的时候要对可能需要什么样的解决方案保持开放的思想。来自评估的数据将帮助你判断需要什么样的解决方案。战术性的机会通常也需要评估。两者的区别在于战术性的评估关注获得信息来确保成功地设计和实施众人同意的解决方案。例如，学习需求评估关注的是学习解决方案所需要的特定技能和知识；绩效管理过程（Performance Management Process, PMP）评估关注的是判断要包含在该 PMP 的设计与执行中的元素。这些评估都是为了确保战术性解决方案的设计与实施是有效的。战略性评估是要得到用于决定将要实施哪个特定解决方案的信息。

绩效咨询过程可能有三种战略性评估。

- 目标评估。评估的目标是在特定的方面决定业务需要什么样的运营结果，以及为取得这些结果什么人需要每天做什么。本质上，你是在识别业务绩效及支持该业务的人力绩效的期望状态。
- 现状评估。在进行现状评估时，你是在识别业务和员工的当前状态。

业务当前的运营结果如何？员工当前在工作中做什么来支持这些目标？什么是他们没有做的？有了这些信息，我们才能识别期望状态与当前状态之间存在的差距。

- 原因评估。此评估回答“业务和绩效结果上的差距的根本原因是什么”这个问题。在采取行动来消除差距时，要关注根本原因而不是症状，这点至关重要。一旦你知道了根本原因，你可以选择解决方案，并开始设计和实施这些解决方案的过程。从战略性评估中获得的数据成为你与客户一致同意的测量目标与过程的基础。

在第 6 章、第 7 章和第 8 章中，我们将讨论如何进行这些评估，包括如何在评估中获得多种数据的方法。显然，在一致同意解决方案并进行实施之前，要获得大量宝贵的信息。

## 实施和测量解决方案

解决方案的选择、设计、试点和实施发生在这个阶段。绩效咨询过程流程图显示了这个阶段的两条路线。对于战术性的项目，你可以直接进入第 3 步解决方案的设计与实施。对于战略性的项目，你要与客户形成合作伙伴关系，通过评估阶段获得更多信息。在第 5 步，你们一起决定解决方案。在第 6 步，你们一起计划、设计和选择要实施的具体解决方案。你们还要就测量策略达成一致。这可能需要五个级别的测量。

- 反应：人们是否积极地看待改变和解决方案？
- 能力：人们的能力是否提高？组织是否支持改变？
- 绩效：行动计划所涉及的人的工作绩效是否有所提高？
- 业务：需要的运营结果是否发生？
- 投资回报率：组织的效益是否超出行动计划的成本？

在评估阶段，要识别与这五个级别相关的测量，但你要和客户就将重点放在哪些基本测量上达成一致（第 6 步）。实施达成一致的解决方案是在第 7 步。你可以想象，这一步通常需要实施多个解决方案。实际上，绩效顾问最关键的角色之一就是协调和跟踪行动计划所包含的许多解决方案。如果这些解决方案对业务结果有持久的影响，你作为绩效顾问就要积极地跟踪实施的解决方案的效果。

虽然绩效咨询过程表明测量数据是在第 8 步中获得的，但测量数据的实际收集可以在解决方案实施的时候及之后。因此，你要在解决方案实施之前就准备好测量策略。可以用技术和软件程序来收集和分析数据。第 9 章和第 10 章描述测量策略的制定及数据收集计划的创建。在计划和实施测量过程时，要与客户密切合作以确保获得和讨论的数据是可靠的，这点很重要。

## 报告和推动可持续结果

在绩效咨询过程的最后一个阶段，你向客户及其他利益相关方分享测量结果（第 9 步）。如果结果是正面的，那就到了庆祝的时候了。如果结果令人失望，那就要讨论结果不理想的原因，一致同意采取额外解决方案和行动去改进结果。通常，你和客户可能会既庆祝正面的结果，同时又一致同意要采取额外的行动来确保长期的成功。记住，维持现状可能对处于改变过程的参与者很有吸引力。将关注点从维持改变的行动计划和行动转移到其他方面，可能会让组织退回到之前的状态。当人们的注意力转移到其他方面而后又回到之前做的事情上时，上述情况就会发生。第 12 章描述了你和客户可以采取什么行动来确保你的改变行动计划和结果不会这样，而是组织成功的一个可持续的部分。

关于绩效咨询过程的最后一点观察：在流程图的上方有一行字“建立

和维护与客户的合作伙伴关系”。形成稳固的合作伙伴关系并不是这个过程中的一个步骤，而是交织在整个过程中的一个线程。我们相信合作伙伴关系是绩效咨询成功的“艺术”。如果不能接触客户并在双方相互信任与尊重的基础上形成合作伙伴关系，我们就不能获得在战略行动计划上合作的机会。

绩效咨询过程为绩效顾问的工作提供了一个步骤流程。但是，还有另一个关键的元素，那就是我们在执行自己工作时的逻辑。本质上，这个逻辑就是我们带到情形中的心智模型，它将引导我们的行为、交互和决策。这个逻辑将在第 2 章中讨论。

## 本章要点

1. 组织需要三种类型的工作：事务性的、战术性的和战略性的。绩效咨询是一个用于识别和解决战略性需求的过程。

2. 战略性需求直接与一个或多个业务目标相关，由与绩效顾问形成合作伙伴关系的人负责。这些人被称为客户。

3. 绩效咨询过程是一个包含四个阶段的工作流，通过优化人力绩效与组织绩效来产生业务结果。

## 下 载

这里列出了支持本章内容的工具。工具可以从 Berrett-Koehler 网站购买和下载。下载指南请见第 238 页。

➤ **绩效咨询过程**

# 第2章

# 绩效咨询：心智模型与逻辑

“一个不依靠理论指引而盲目热衷实践的人就像远航的船员失去船舵和罗盘一样，永远都不会知道他到底身在何方。”

——莱昂纳多·达·芬奇（Leonardo da Vinci, 1452—1519）

“启动一个人的变化，开始并结束于人们头脑中的心智地图——他们如何看待组织和他们的工作的。正如真实的地图引导人们徒步跋涉穿过喜马拉雅山脉那样，心智地图则指引着人们在日常组织生活中的各种行为。如果领导者不能改变个人的心智地图，他们将不能改变人们追求的最终目的地或他们借以达到那里的各种途径。”

——J·斯图尔特·布莱克和霍尔·B·格里格森

（J. Stewart Black and Hal B. Gregersen, 2003, p. 2）

这很有趣，不是吗？达·芬奇生活的年代比布莱克和格里格森早了几百年，但他们的思想却如此相同。很显然，开发一种理论或心智模型以指导我们的行为，这个需求是一条强有力的真理，它一直在时间长河中回荡着。心智模型提供了用于解释信息及判断对新情况回应的逻辑与框架，它指引你的感知、决策和行为。最重要的一点是：你在工作中所用的心智模型和逻辑是成功不可或缺的条件！

想象一下：你刚接到来自技术总监的电话，他的顶头上司是首席信息官（CIO）。技术总监想要和你讨论他管辖范围内的项目经理们的几项激励奖金，用来确保项目经理们能够在预算内按时完成新的和升级的信息系统项目。眼下，有一半以上的项目是迟于计划的，这就导致了成本的日益增加。原因是，首先，当项目进度落后时，项目团队成员要加班；其次，这样的进度延误经常需要许多额外的团队成员加入，从而又增加了成本。目前，这位技术总监的运营成本已超过预算 6%。

原定目标是 95%的项目按时完成，而目前只有 58%的项目符合这个目标。这种情形同时也导致了客户的不满。项目没有按时完工，运营部门方面也会产生不良反应，如推迟新产品和新系统的发布。

技术总监提出了一个以项目为基础的奖金激励计划，他寄希望于奖金能够激励项目经理们更加努力工作并在预算之内完成项目。该总监盘算着将付给项目经理的奖金加在他们的工资里。如果项目按时完成，项目经理就能得到 50%的奖金，而另外 50%的奖金是在项目按时于预算范围内完成之后给予。技术总监希望在设计这个以项目为基础的奖金激励制度的问题上获得你的帮助。

这就是一个需要用绩效咨询方式来解决的情况。为什么？因为这个问题对业务有显著的负面影响。投入时间去获取导致问题的根本原因以及影响这种情况的因素之间的相互关系信息，能够得到真正的回报。我们需要避免直接跳到解决方案的方式，特别是涉及奖金的解决方案。因为，如果这种解决方案不奏效，奖金是很难拿回来的。在这种情况下，为做出合理的决策，你需要更多信息。但是，需要什么方面的信息，以及从谁那里得到信息？这就是绩效咨询心智模型能够帮助到你的地方。这个心智模型的两个元素是需求层次和目标-现状-原因逻辑。

## 需求层次

绩效咨询心智模型的第一个元素是需求层次。这个层次包括了四种必须定义并统一的需求（见图 2.1）：

- 业务需求
- 绩效需求
- 组织能力需求
- 个人能力需求

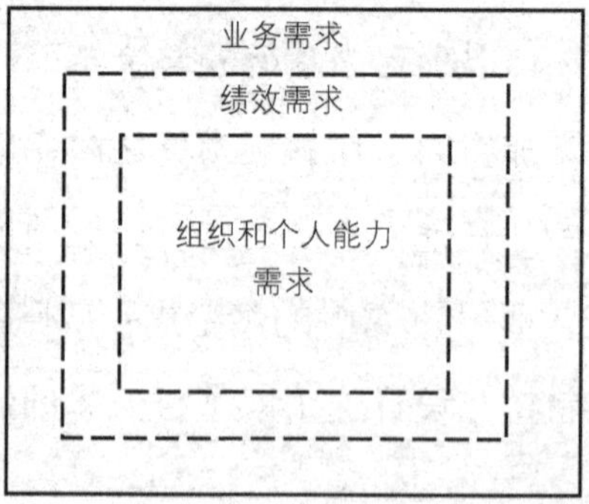


图 2.1　需求层次

### 业务需求

业务需求是最高级别的需求；其他的所有需求都来自它。“业务需求”这个术语一般用于营利组织。在非营利组织中，这个术语通常被组织或运营需求所替代。政府组织可能用“机构需求”（Agency Need）这个术语。不管叫什么，这种需求必须达成。如果在一段时间内未能做到的话，就会威胁到组织的生存能力。

业务需求与成果通常是可以量化的。例如，不断增加的市场份额就是一种业务需求；它可以用市场份额百分比、新客户数量和年收入的量化指标进行衡量。其他方面业务需求的例子包括增加客户满意度、提高运营效率、留住人才、降低运营成本和提高利润等。在非营利机构，业务需求的例子可以是提高成员对所提供服务的满意度、降低周期时间或减少返工。所有这些需求都可以用数字来衡量。

让我们回到本章一开始描述的信息技术的情形并判断是否识别了业务需求。这位技术总监提出的一个业务目标是将运营成本控制在预算内。目前，该技术总监的运营成本已超过预算 6%。如何将这 6%转化为美元？这是这位技术总监唯一的业务目标吗？这位技术总监提到当前的情况导致“客户不满意”。那么什么才是客户满意的目标呢？与目标相比，实际结果又是什么呢？这个目标是否需要关注？这是你作为绩效顾问，在与客户讨论业务需求时要寻找的信息类型。

## 绩效需求

绩效需求描述了从事一份特定工作并对实现业务目标有贡献的个人所需要的岗位成就和行为。绩效需求明确了如果要实现业务目标，个人必须在哪些方面做出更多、更好或与众不同的努力。绩效需求是用行为术语来描述的。

这种信息的最佳来源是明星员工——那些取得杰出结果的个人。在我们的技术案例中，通过访谈明星项目经理了解到，他们一直遵循一种文件化的、被证实的项目管理程序进行工作，并表现出对用户期望和需求的强烈兴趣和高度关注。在识别绩效需求时，我们也可以判断，相比明星项目经理所做的，一般的项目经理做了什么，而这些信息是否有助于识别绩效差距。提起差距，人们自然会想起这样的问题："这种绩效差距的原因是什么？"

## 组织能力需求

组织能力需求指组织的基础设施，包括工作流程、信息系统和激励机制。其目的是要使这些基础设施支持团队的工作实践以实现业务目标。组织能力因素可以是有形的或无形的。无形的因素是指虽然从物理上无法察觉但却被意识当作最真实存在的那些因素，如规范、激励、清晰的期望和权威的大小。其他的组织能力因素是有形的，如机动车辆、计算机和充足的办公空间。在项目经理难以按时在预算之内完成项目的情况下，要调查的组织能力因素可以包括：是否有必要的技术与设备，是否有经过验证的过程来支持项目团队的形成。

任何组织能力因素都有可能成为障碍或推动者。如果一个因素能够起到鼓励所需在职行为和成就的作用，那么这种因素就是推动者。同样的因素，如果起到打击所需行为和成就的作用，就成为一种障碍。例如，如果教练技术能有效地运用，那它就是绩效的推动者；如果缺乏运用，那就会成为一种障碍。

## 个人能力需求

个人能力需求是指员工为按要求执行工作而必须具有的技能、知识和特质。技能和知识通常是可以提高的需求。特质则最好通过选聘过程来获得，因为提升该能力的时间可能很长，甚至存在失败的可能性。销售代表所需要具备的特质之一就是韧性，这种特质可以让他避免在失去一单生意的失望情绪中一蹶不振，而是尽快从失望中走出，并表现出对未来销售的信心与热情。这种特质是很难通过学习干预来提高的——所以，更好的选择是，在招聘的时候就进行评估。

在我们的项目管理例子中，如果团队目标的达成与否仅仅严格地取决于某些人的可用性，那么整个团队对完成项目所需的能力便不会达成一致。比如，项目团队成员没有执行好工作，在多大程度上是因为他们觉得薪酬待遇比较低？这可能是要考虑的一个问题。只有当激励方案解决了问题的根本原因时，它才能有持久的效果。

我们用经过证明且可行的术语向你介绍这四种需求。但是，我们知道，有多个词语同样也可以指这四种需求。表 2.1 提供了你可能更喜欢的一些比较常见的替代术语。不管你用什么术语，都要认识到，绩效顾问的工作是要与客户形成合作伙伴来定义和协调这四种需求。

表 2.1　需求层次术语

| 通　　称 | 替代术语 |
|---|---|
| 业务需求 | • 业务目标<br>• 当前业务结果 |
| 绩效需求 | • 成就与行为<br>• 行为需求<br>• 当前实践 |
| 组织能力需求 | • 障碍或促进者<br>• 阻碍或推动者<br>• 基础设施 |
| 个人能力需求 | • 技能<br>• 知识<br>• 特质 |

## 目标–现状–原因逻辑

我们的心智模型中的第二个元素是用于分析业务与绩效情况的目标-现状-原因逻辑。当你与客户形成合作伙伴关系并共同致力于一个战略性的行动计划时，如果你要定义和协调这四种需求，你肯定需要更多信息。什么信息是重要且相关的？什么信息虽然可以得到，但不是目前情况所必需的？最重要的是，什么信息是迫切需要但目前未知的？诸如此类的问题启发了我们，于是我们创建了一种工具，以指导绩效顾问去获得所需信息的方式来解决特定业务问题或机会。这个工具称为 Gaps 地图（达纳·罗宾逊和詹姆斯·罗宾逊，2005）。

为什么叫这个名字？因为作为绩效顾问，你要寻求理解目标与现状之间的差距，并且想方设法去消除它。我们提供的这个工具可以设计得像地图那样，引导你完成整个过程。设想这样一幅场景：你和你的一位客户坐在车里，驱车前往你们的一个目的地。这辆车很小，只有两个座位。你的客户坐在司机的位置开着车，而你坐在乘客的位置帮助导航。你的客户是决策者，已经决定了目的地。但是，你用你的智能手机上的 GPS 导航地图来为客户提供要走哪条路、要避免哪些城市的建议。这样，你的角色是指路者，而你的客户则需要考虑并决策，选择哪条路线作为最佳路线。

Gaps 地图的目的也是如此。但是，用 Gaps 地图，你获得的信息重点将在目标、现状和原因（可能帮助或阻碍已建立目标的实现的因素）上。Gaps 地图的设计，是用来提供一个结构和逻辑，以便：

- 确保用特定的术语识别和表达了客户所表达的业务和绩效目标。
- 将已知的与目标-现状-原因的有关信息梳理到位。
- 明确哪些相关信息是必要但还未知的，以便你发现为决定可行的解决方案哪些信息是必须获得的。Gaps 地图帮助你避免直接跳到解决方案——这种方式决策草率且充满风险，因为它不仅会消耗企业的有限资源，而且成果有限。

让我们来讨论图 2.2 所示的 Gaps 地图中包含的组成元素。

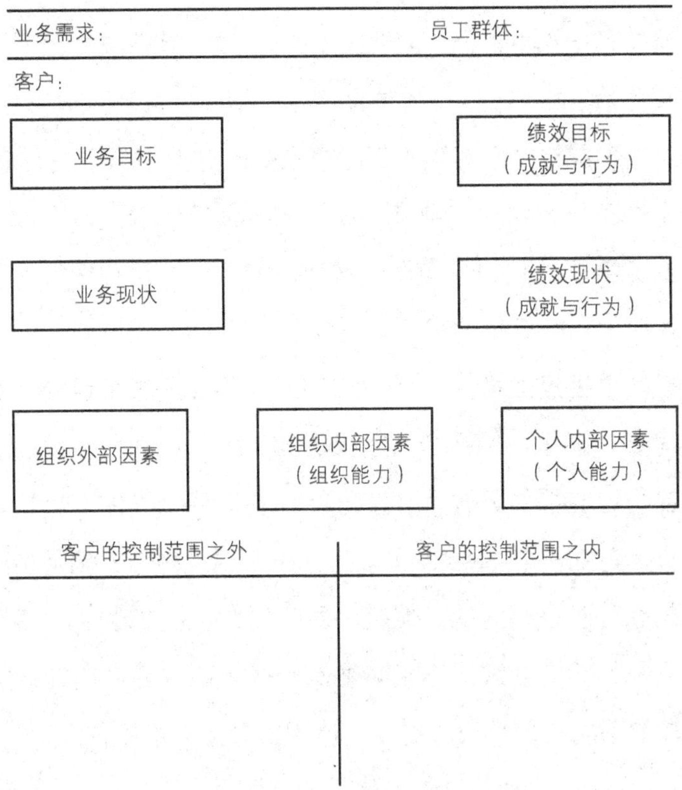


图 2.2 Gaps 地图的元素

## 业务需求和客户

前面讨论过，业务需求是可量化的战略目标或业务运营目标。Gaps 地图要求你识别业务需求，这就好像决定旅行的目的地一样。你还要确认负责实现业务结果的客户的具体姓名和职位。要记住，有时候我们开始联系并合作的人并不是真正的客户。Gaps 地图让你识别的是真正的客户的姓名或职位。所谓真正的客户，是指对所关注的业务结果真正承担责任的人。

## 员工群体

员工群体是一群共同承担相同角色或工作，其日常绩效对所要求的业务目标的实现最有贡献的人。例如，客户代表、项目经理、班组长和生产线操作工。员工群体并不等同于部门或职能。财务部门不是一个员工群体，而是由几个员工群体包括“会计”和“分析师”组成的复合体。绩效顾问要识别与业务需求相关的特定员工群体。如果业务目标很广，可能有多个员工群体对这个业务目标的实现有贡献。

假设有一个生产业务目标是增加产量。要实现这个目标将需要多个员工群体共同参与协作，包括产品线操作工、生产计划员和维护技术人员。绩效顾问要将这些群体分开，分别研究和分析每个群体。也就是说为每个员工群体单独建立一个 Gaps 地图。为什么必须这样做？因为虽然业务目标与现状的信息可能是相同的，但每个员工群体所要求的工作绩效（成就和行为）是不同的。产品线操作工必须做什么才能提高产出，肯定会与生产计划员要做的不同。每个员工群体的原因因素也可能不同。

## 业务目标与现状

Gaps 地图中要求对于业务目标和现状进行定量的描述。大多数业务需求都用多种方法来测量，所以每个业务需求可能会有多个指标。每个测量都要包括测量单位和数值，这点很重要。例如，对业务目标只用“实现了营收目标”一项来描述是不够的；要描述为“收入比上一年提高 10%”或其他的数字目标。一般来说，业务需求的真正客户可以提供这个信息——毕竟这是他们要负责实现的。

## 绩效目标与现状

Gaps 地图的这部分是绩效顾问真正体现自身价值的地方。虽然客户知道业务的需求，但他们通常不确定为实现这些目标部门员工需要什么样的行为绩效。既要明确员工群体必须实现的成就，也要明确这些成就所需要的工作实践，这很重要。

以一个销售组织为例，它的业务需求是实现营收与毛利润目标，这些目标都是明确的。客户代表是实现这些结果的关键，期待他们取得的一个关键成就是建立和维持良好的客户关系；另一个成就是完成销售任务。如果只是对他们这样说，刚担任客户代表的人可能会问："我如何才能有效地做到这些？"这时就要识别重要的具体实践或行为。研究那些在建立客户关系和完成销售任务中表现卓越的客户代表，他们是怎么做的。他们与比较典型的没有产生最优结果的客户代表相比有什么不同？Gaps 地图让你在进入任何解决方案之前确定这两个问题的答案。通过将目标绩效与当前绩效（现状）进行比较，也就是在识别绩效上存在什么样的差距。

## 根本原因

根本原因是推动或阻碍人力绩效目标与业务目标实现的因素。Gaps 地图要求你分析组织内部的原因（称为组织能力需求）及个人内部的原因（个人能力需求）。Gaps 地图还要求你分析组织外部的因素，这些是在组织中任何个人或群体无法控制的，但对成功有影响的因素。

还有一点，Gaps 地图中"组织内部因素"分为两类：客户可控的和客户不可控的因素。这很重要，因为针对客户可控的因素选择的解决方案通常比较容易实施。人们通常将这类因素称为“伸手可得的水果”，因为就像挂得比较低的苹果比较容易摘到一样。举个例子，某些特定工作岗位上的员工难以达到要求的绩效，是因为他们没有权力去访问重要的客户数据。然而，将来是否让这些员工都可以访问这些客户数据，是由客户决定的。这个解决方案很快也很容易实施，实施成本很小。

客户不可控但与组织内部相关联的因素，改变起来更具挑战性。在这种情况下，客户要推行他所期望实施的解决方案，就需要采取行动去影响组织中的其他人，这要消耗更多时间与精力。回到我们上一个例子，假设问题不是出在访问客户数据的权限上，而是数据不准确或不完整，在这种情况下，解决方案就要求客户与信息系统部门合作，而信息系统部门并不在客户的管理权限范围之内。解决方案可能是创建一个更好地满足客户需求的数据库，这可能会涉及关于时间和成本的讨论，甚至谈判。

## Gaps 地图：如何做

图 2.3 显示的地图描述了一家大型跨国公司的情况，该公司制造消费品并在全球销售。有一天，负责制造的副总裁找到该组织中的首席学习官（Chief Learning Officer，CLO）并提出要求：“我们要为维修技师提供一些培训，还要改变一下这个岗位的遴选程序以便提升工厂的运营效率。”

请你花上一点时间，思考一下这个要求。这位副总裁在这个最初的要求中包括了哪些层次的需求？我们认为，这当中有业务需求（提高工厂的运营效率）、组织能力解决方案（改变我们的遴选程序），还有能力解决方案需求（对维修技师进行培训）。但是，没有提到绩效需求、组织外部因素、组织能力因素和维修技师个人能力的信息。因此，CLO与副总裁进行了“需求确认与重构”讨论。最终他们达成共识，确定还应该获得更多有关这一要求的信息。图2.3中的Gaps地图包含了进一步获取的完整信息。

### 业务需求与客户

在Gaps地图的左上方是这个行动计划关注的业务需求。关于客户，我们很快了解到有两个级别的客户：这位副总裁是主要的客户，但每位工厂经理也是客户。这是因为，在分布于全球的八个工厂中，每个工厂的环境都是不同的，都有一位工厂经理最终负责实现该工厂的运营效率。

### 员工群体

这位副总裁最关注的员工群体是维修技师。在这个项目的过程中，我们了解到其他一些员工群体在提高运营效率方面也发挥了一定的作用；但是，在本案例中，我们只聚焦于分析一个员工群体——维修技师。

### 业务信息

对提升运营效率这个业务需求，我们使用了五个指标来衡量。对于业务现状也使用了相同指标。对目标和现状指标进行比较，发现明显存在多方面的差距。难怪这位副总裁会对提升工厂运营效率的需求如此关注。

### 绩效信息

员工群体由全球大约200名维修技师组成。在初次与副总裁会面时，CLO问：“如果要实现运营效率提升目标，维修技师在哪些方面必须做得更多、更好或与以往不同？”该副总裁认为这是一个很好的问题，并提供了一些描述性的但模糊的信息。CLO接着问：“有没有依靠个人努力实现这些业务目标的维修技师呢？如果有的话，他们的行为与那些没有实

**业务需求**：提高制造工厂的运营效率 **员工群体**：维修技师

**客户**：生产部门的副总裁和工厂经理

**业务目标**

- 整体生产成本降低 15%
- 资产利用率达到 85%
- 废品率低于 1.25%
- 按时交货率高于 97.5%
- 维修成本降低 20%

**绩效目标（成果与行为）**

**实现预防性维护**
- 预估将影响利用率的问题
- 调查生产中发生的异常噪音和其他异常状况

**快速解决维修问题**
- 独立工作，无须批准就能采取行动解决生产问题
- 利用根本原因分析的方法来确定问题的根本原因，而不只是症状

**提升所有缺乏经验的维修技师的能力**
- 为复杂工艺过程编写文档，供其他人参考
- 对新雇用的维修技师和操作工提供技术技能培训，使其提高效率

**业务现状**

- 整体生产成本降低 7%
- 资产利用率达到 78%
- 废品率为 3.45%
- 按时交货率平均 89%
- 维修成本降低 5%

**绩效目标（成果与行为）**

**部分实现预防性维护**
- 主要以“救火”方式回应客户报修，极少开展预防性维护活动

**解决维修问题不及时**
- 在诊断生产问题时经常寻求帮助；很少基于个人的判断采取行动
- 当生产问题发生时，更换部件的随机性大

**提升维修技师能力缺乏规范性**
- 有些维修技师指导别人；有些则没有。工作标准缺乏一致性

**组织外部因素**

维修技师市场很“紧俏”

↓

解决方案：
开发师徒计划来克服外部招聘供应不足

**组织内部因素（组织能力）**

客户不可控因素（更换零件）：
- 由于历史记录缺乏而难以确定
- 新零件不总是按需可得到

↓

解决方案：
加强备件的供应链管理

客户可控因素（工厂经理）
维修主管采取的教练和辅导措施比较有限

↓

解决方案：
培养维修主管并使其对维修技师的教练辅导工作负起责任

**个人内部因素（个人能力）**

许多维修技师缺乏足够的计算机系统和可用诊断工具的使用技能

↓

解决方案：
培训计划中增加计算机系统和诊断工具的操作技能培训

图 2.3 生产情况的 Gaps 地图

现业务目标的维修技师的行为有哪些不同之处？”该副总裁再次承认这个问题的价值，并接着表示，他确信一定有一些维修技师独立地实现了这些目标。然而，他不知道他们是如何做到的，并且表示今后会重视类似的信息。

这个例子说明，绩效顾问如何用提问这一工具，将那种关于解决方案的讨论转变成聚焦于绩效和业务成果的讨论。当CLO问及高绩效或明星维修技师的问题时，副总裁就意识到了做出恰当决策所需的哪类信息是不可或缺的，并愿意耐心等待行之有效的解决方案，而不是在信息不全的情况下急于确定解决方案。这种讨论的焦点转化就是我们接下来在第4章中会详细讨论的一种沟通与分析技术，我们称为“需要确认与重构”过程。

简单地说，与副总裁进行的这种重构讨论，结果是双方一致同意进行一项评估，目的是获得充分可靠的关于绩效目标和现状的信息。图2.3总结了一些高可靠度水平的信息。虽然对明星维修技师和普通维修技师的绩效目标是一样的，但两组员工在实现这些业务目标的行为上表现出明显的差异。例如，明星维修技师独立工作，以行动为导向，并会采用探求根本原因的方式来解决设备问题。与这些做法形成对比的是那些普通的维修技师，他们采取行动时很勉强，“让我试试这招，看看灵不灵”是他们经常使用的方式。这些个人工作绩效的差距导致了业务目标与现状的差距。但是，要让更多维修技师达到绩效目标的要求，还需要做什么呢？要回答这个问题，我们需要判定业务差距的根本原因及维修技师绩效差距的原因。

### 根本原因信息

如图2.3所示，在这家公司内部，出现问题有多方面原因。紧俏的劳动力市场是组织外部的一个因素。维修技师的工作高度复杂，需要大量的技术技能和人际交往能力。劳动力市场上可用的维修技师有限，许多企业争相聘请同一群人。这是这家公司自己无法改变的外部因素。尽管有这样的外部挑战，仍然需要制定一个不管外界竞争如何激烈都能够确保获得更多维修技师的企业人力资源战略。

在调查客户可控的组织因素时，两个层级的客户变得非常重要。工厂中维修主管的教练辅导与激励强化不足，是工厂经理可以控制的一个因素。教练辅导的目的是克服维修技师在独立完成工作时过于谨慎的问题。工厂经理可以采取行动，提高维修主管的教练和辅导技能，并促使他们对运用这些技能负责。

在工厂经理可控范围之外但又在生产部门副总裁可控范围之内的那些因素，集中在供应链上。难以获得更换备件和取得准确的历史记录，对于拥有多个工厂的公司而言是个挑战。副总裁需要采取行动，与供应链管理人员合作，以解决这些问题。

最后，还有维修技师的能力问题。这家公司为方便维修技师快速排除设备故障，已经投资购买了计算机化的诊断工具。遗憾的是，一些维修技师——不是所有维修技师——缺乏如何操作这些软件及解读数据的能力。

### 解决方案

一旦确定了根本原因，CLO 和副总裁就可以决定需要什么样的解决方案来解决业务和绩效的差距。目标是要选择“正确”的解决方案——每个解决方案至少解决一个造成运营效率低下的根本原因。如图 2.3 所示，四个根本原因中每个都导致一种特定解决方案的产生。

为了解决维修技师市场供不应求的问题，该组织开发了学徒计划。

现在，他们可以用内部培养的人员来补充外部招聘的不足。为了解决一些维修技师使用诊断工具的技术低的问题，他们实施了提高技术和技能的培训。他们还采取行动来提高主管的教练辅导水平并责成他们为维修技师提供更好的教练支持。生产副总裁与供应链管理人员合作，解决了在获得更换零件上的问题。

关键成功要素：客户的原始需求在初次的需求确认与重构讨论中就被请求转变了，就像CLO的角色发生了转变一样，他从解决方案供应商转变为战略合作伙伴。这位CLO明确了引起问题的因素及解决问题的前提条件。如果这位CLO只按照客户最初要求的实施解决方案，运营效率问题就不会得到解决。可以看到最终的解决方案与最初提出的要求有很大不同。你可能还记得，副总裁最初请求的是改变维修技师的遴选程序。问题本身并非如此。它是一个需求，是要产生更多的合格人选。学徒计划是用来满足这一需求的解决方案。

回到最初的需求，客户要求的是某种类型的针对维修技师的培训。虽然学习是解决方案包的一部分，但它是一个比客户最初设想的更加有针对性、更具体的学习。这位CLO扮演了绩效顾问的角色，运用了Gaps地图的逻辑，成功地引导了项目。

## 本章要点

1. 绩效顾问心智模型引导他们分析业务和工作群体绩效的情况。

2. 绩效顾问心智模型的一个元素是需要层次。这个层次包含四个需求：业务需求、绩效需求、组织能力需求和个人能力需求。绩效顾问与客户形成合作伙伴，共同定义和协调这四个需求。

3. 绩效顾问心智模型的第二个元素是目标-现状-原因逻辑。

4. Gaps 地图是一个旨在协助绩效顾问获得解决特定业务需求所需信息的工具。

## 下 载

这里列出了支持本章内容的工具。工具可以从 Berrett-Koehler 网站购买和下载。下载指南请见第 238 页。

- **需求层次**
- **Gaps 地图的元素**
- **Gaps 地图——数据输入模板**

# 第 1 阶段

# 识别战略机会

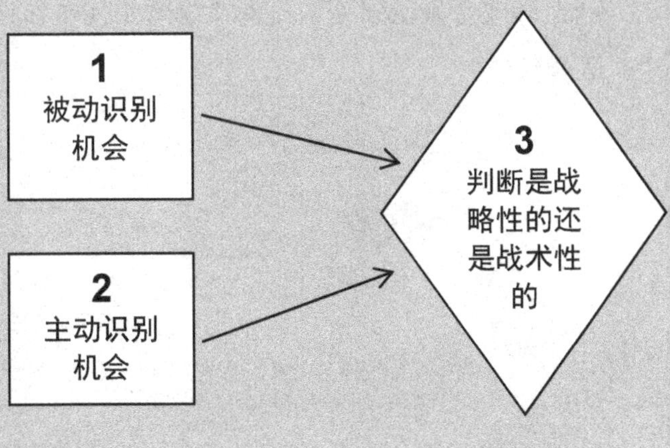

这部分包括以下几章。

**第 3 章：建立客户合作伙伴关系**

与客户的合作伙伴关系要建立在可以接触、信誉和信任的基础上。本章提供了通过这三个特性来加深客户关系的方法。

**第 4 章：被动识别战略机会**

当客户请求实施特定解决方案时，你必须重构请求，使得你们讨论的重点在于客户寻求的业务和绩效结果上，而不是他建议的解决方案。本章讨论重构的方法。

**第 5 章：主动识别战略机会**

当客户没有请求你或联系你并让你提供支持时，你如何与客户在一个战略性行动计划上形成合作伙伴关系？本章描述如何在你先联系客户的情况下与客户形成合作伙伴。

# 第 3 章

# 建立客户合作伙伴关系

“企业文化——以及业务进行的方式——最大的改变可能是基于合作伙伴关系的加速。”

——彼得·德鲁克（Peter Drucker）

你是否见过有人明明是他所在领域的专家，却不能成功地影响他人支持特定的计划或战略？当你希望影响客户以行动支持组织和绩效改变时，仅仅靠精深的专业知识是不够的。绩效顾问必须能够展现出与客户形成合作伙伴的“艺术”。我们所说的“艺术”是指用人际交往的、协作的方式与对绩效顾问成功不可或缺的其他人合作。这些是比较主观的、基于判断和行为上的战术——不是用数字就可以说明的。绩效顾问要在整个绩效咨询过程中运用这种协作的方式，这点至关重要。没有在这个过程中的第一阶段展示出这种能力，你恐怕将不能再接触到战略性的工作或有机会优化你作为绩效顾问对客户的价值。

当我们开始关注合作伙伴关系时，我们要重述一下第 1 章讨论过的绩效顾问支持的三种类型的工作：

- 事务性工作，由各种行政任务组成，如提供信息给个人、安排活动或输入信息到电子文件中。

- 战术性工作，通常涉及管理项目，如涉及学习活动、招聘与人事、部门重组或指导他人。
- 战略性工作，关注对企业或部门的整体健康、生存能力和方向有影响的工作。

虽然在任何一个给定的年份内都需要完成这三类工作，但绩效顾问的目标是提高专注于战略性行动计划的工作与时间。战略性行动计划由管理层负责，管理层负责这些行动计划的结果。前面提到过，客户分为两类：持续型客户和项目型客户。持续型客户是这样的客户：由于其在组织中的职位和影响力，不管当前的项目或行动计划是什么，合作伙伴关系都会持续。与这些客户的沟通与联系是持续不断的。项目型客户是特定行动计划的一个业务需求的负责人。你与项目型客户的沟通在项目的生命周期内是稳固的，但随着项目结束而逐渐减少。

正如彼得·德鲁克在他的《完美咨询》（*Flawless Consulting*，2001）一书里所指出的，我们在与持续型客户和项目型客户合作时，可以采取三种方式。第一种方式是当客户扮演比较不积极的角色并指望我们来决策和实施解决方案时，我们可以作为专家。第二种方式是作为客户的一双手。在这种方式中，客户来做决策，告诉我们需要什么。在所做的决策上绩效顾问扮演被动的角色。第三种方式也是我们期望的一种，是协作者的方式，顾问和客户作为独立的团队合作。他们共同对情况和需求制定决策，并共同对决策的结果负责，从而提高了正面结果发生的可能性。

为了形成协作式的合作伙伴关系，你要能够接触客户，并且得到客户的信任。因为绩效顾问只有在能直接接触客户时才能支持客户和他们的战略性项目，我们将从这个元素开始我们的讨论。

## 接触

接触是客户愿意安排时间与你“面对面”地讨论业务挑战、机会和行动计划。获得接触的最佳方法是采取主动。当第一次被分配去支持一个业务单元时，要识别进行战略性决策的管理者。谁是推动业务并负责实现结果的管理者？你要与这些管理者形成持续的客户关系——不管是什么项目工作，你都要在这些关系上投入时间。虽然你参与的项目可能来自其他管理者，但你也要定期去见见你的每位持续型客户，这点很重要。你要了解他们的最新业务需求、挑战和战略性行动计划，以便将来有机会处于顾问的位置与他们合作。

### 接触持续型客户

那么，一开始你如何接触潜在的持续型客户？记住，客户通常都处于组织的中上层。他们负责实现业务结果，并有权力去实现结果。用这两条标准，识别出那些应成为你持续型客户的个人。一般来说，绩效顾问要与 5～10 位客户建立关系。一年内你要在每位客户上花相当多的时间。这就是为什么我们鼓励你采取“少即多”的概念。当你在合作伙伴关系中表现出深厚的业务知识时，要与三四十人建立很深的合作伙伴关系是不可能的。这是大多数绩效顾问被分配去支持一个或多个业务部门而不是一整个企业的一个原因。不过小公司是个例外，在小公司中支持整个组织是可能的。

当你被分配到一个新的业务部门时，要看组织结构图，识别那些拥有职位权力去推动事情及负责实现业务结果的人。接下来，了解关于该业务部门的更多信息，到组织结构图中获得关于如下的信息：

- 在该业务部门中，重要的决策是如何进行的？是用协作式的、寻求一致同意的过程，还是更多的是单边的过程？

- 哪些人参与战略和目标的决定？
- 最近哪些行动计划推动组织成功？
- 谁在决定和实施这些行动计划上扮演重要角色？
- 是否有非正式的领导者对这些战略性决策有重要的影响？
- 谁对战略性决策有否决权？

回答这些问题将让你了解哪些领导者在推动业务并有推动事情的权力。你要与这些人合作，因为他们从战略性行动计划的成功或失败中得到或失去最多，而且他们有权力让事情发生。但是，有一点要注意，关系是与个人形成的，而不是与职位形成的。当一位客户升职或由于某种原因离开该职位，有新的人顶替他时，你必须投入时间去建立新的关系。

一旦你识别了要与你建立持久关系的这些人，接下来就要找到能接触到这些人的方法，这很重要。你要处于这些人的雷达扫描范围之内，这样当有战略性机会的时候，他们会记得一开始就将你包括在内。琼就是这样一个例子，她与一个研发部门合作。她为该组织内的一个重要的行动计划设计和执行一种测量研究。她邀请了几位行政主管来参加一个简会，她在会上讨论结果。这个简会让她接触到几位行政主管，他们是潜在的客户。会后，有一位行政主管对琼的报告印象很深刻，后来成为琼的一位新客户。

你可能已经与一些可成为持续型客户的人建立了关系。但是，要问你自己："我当前的关系主要是基于以战术性的方式来提供解决方案，还是真的是战略性的、有业务关联的合作伙伴关系？"通过这个问题来分析你们的关系。如果答案是你大部分时候是在决策之后才收到请求，那么改变你们关系的性质就很重要了。下面是关于如何接触到应成为持续型客户的一些建议：

- 请客户花时间来讨论其所面对的业务目标和正面临的挑战。这里的关键是讨论应聚焦于“业务的业务”上，目的并不是讨论人力资源或学习方面的解决方案。（在第 5 章中我们将更详细地描述这种主动的业务讨论。）
- 将关注对客户业务有重要影响的内容的报纸、行业杂志和网站中的文章发送给客户。同时要写明为什么你相信这些内容与客户业务有关，并附上一个后续讨论这些内容的计划以及它对业务的意义。
- 询问客户你如何才能增长你的业务知识，本质上，就是要请客户成为你的导师。
- 志愿为对客户重要的项目和任务团队服务。
- 利用当前与其他经理的关系来帮助你接触到客户。
- 公开发布你的“成功案例”。可以让你的客户向他们的平级经理和业务领导分享这些案例和成果。
- 向客户提供关于危机的指导。例如，如果意见调查表明结果是危险的，那就向客户提供可能用于消除差距的建议。
- 表明自己愿意向类似于你当前参与的其他客户的业务情况和项目提供帮助。
- 警惕来自组织各个方面的、对客户的业务部门有影响的信息。将这些信息发送给你的客户，表明你愿意就它进行讨论。要求以观察员的身份参加客户的员工会议，这样你能更深入地了解业务。在这些会上，通过问一些能够启发思考的问题来开阔整个团队的思维。

## 接触项目型客户

让我们来看项目型客户的接触与持续型客户的接触有何不同。显然，主要的区别是，与项目型客户密切联系只维持在项目生命周期内。两者相同的是，他们都是你用于判断行动计划的“真正”客户（项目型客户拥有行动计划内支持的业务结果）。遗憾的是，有时候最开始就这个项目联系你的并不满足“真正客户”的标准。这个人，我们称为“联系人”，被授权来负责特定项目的活动。但是，项目结果的最终责任在另一个人那里，那个人才是真正的客户。

不能接触到真正的客户，你就很难影响和引导项目的实施战略。为了接触到真正的客户同时又不疏远联系人，就要求你与联系人合作——而不是绕过联系人。例如，当有关于业务目标的问题时，建议你和联系人一起见客户讨论这些问题。当联系人没有权力去获得资源时，建议你和联系人一起去找真正的客户谈这个情况。当你与联系人建立良好关系的时候，才能坦诚直接地表明你对与真正的客户接触和参与有限的担忧。最重要的一点是：当项目的最终目标是要产生人力绩效的改变和积极影响业务目标时，接触到真正的客户对任何这样的项目来说都很重要。

## 信誉

现在我们来看信誉，我们将其定义为客户对你交付业务结果的能力的信心。虽然接触到客户是有形的，信誉却是无形的。信誉的指标基于你长期与客户合作的经验。客户对你的建议和问题的回复有多积极？他们有多愿意提供有关他们部门运营的信息？他们在帮助你接触到组织业务部门关键人物上提供了多少帮助？在处理业务问题或机会时他们对检查你建议的方式有多积极？你需要持续地监测这些类型的指标来表明你的信誉水平。

实际上，在你表现出对组织业务模型和组织所处行业的知识之前，你是不可能赢得信誉的。我们所说的“业务知识”是广义的，包括营利组织、非营利组织和公共组织的相关业务知识。不管组织的使命是什么，都存在某种特定的业务模型，组织依照此模型运作。作为绩效顾问，你需要理解该组织业务模型的基本概念。你需要识别出对业务产生有利或不利影响的外部因素，以及这些因素对人力绩效的影响。如何发展这种业务知识？一种有效的方法是向你的客户寻求应该如何学习更多业务知识的建议。这就是“将你的客户变为你的导师”的技能。

约翰就是用这种方法取得正面结果的一个例子。他是一位绩效顾问，支持他的组织的采购部门。在他刚开始履行这个角色的初期，约翰向客户咨询如何学习更多关于采购的业务知识。客户建议约翰加入客户所属的专业组织。客户还鼓励他阅读这些组织所提供的文献，参加他们的一些在线学习。他这样做了，并逐渐获得了他觉得别人也会认为有价值的信息，并将这些信息转发给相关客户。通过将他的客户变为导师，约翰加深了对采购行业及采购行业所面临挑战的知识。他还影响了客户，约翰对于业务知识的真诚兴趣深深打动了客户。

下面是绩效顾问积累其所在组织及行业知识的一些其他方法：

- 识别职能部门中发挥关键影响力的那些人。采取行动去认识他们并找出他们正面临的问题。实际上就是问：“为了更加有效地支持你和其他人，我到底需要了解哪些有关该业务的知识？”
- 找出你所支持组织中的人比较喜欢去寻找信息的网站。将这些网站放在你的收藏夹中并经常浏览它们。
- 找出处于你所支持业务的核心职位的人。主动与他们中的一位或几位相处几小时或一天时间。你不仅将了解他本身的工作内容，而且也将了解他的工作与其他人的关系。你还将对各种具体工作乃至整个业务领域中的作用力、影响因素和机会有深刻的洞察。

- 阅读能够提供愿景、使命、战略目标、业务绩效和财务绩效数据年报及其他的一些组织文件。定期查看业务计划、市场营销计划、研发白皮书、客户服务报告和运营报告，把这作为一项例行工作。这些材料很多都能在组织的网站上找到。实际上对于公开的公司来说，美国法律规定，这些信息必须能够让所有人都能访问到。
- 在一些业务领域，有可能亲自上岗体验，感受一下你所支持的人员是如何工作的。在这个过程中你可以学到很多。一家连锁快餐馆的首席学习官每年都有几次花一天时间"在基层工作"，接受顾客下单、为顾客服务。他发现这很有帮助，能够帮助他密切了解组织的顾客以及更多地从个人的角度识别这个角色在日常工作中所需要的不断变化的技能。
- 如果你的组织雇用了咨询公司，可以向顾问学习他们看到的行业发展趋势和问题。

## 作为外部顾问获得业务知识

上面分享的建议对有些外部顾问来说是有用的，对另一些人可能没用。重要的是在你开始最初的会议来讨论可能的工作之前就获得尽可能多的关于组织及其业务的信息。然后在询问强有力的问题时运用这些信息，如我们在本书中描述的目标-现状-原因问题。通常，组织的网站是特定业务的一个很好的信息来源。除了网站还可以在因特网上搜索，发现关于组织和组织所在行业的更多信息。

有效获得和运用组织及其业务知识的外部顾问在市场上非常受重视。在讨论一个项目提议时，弗恩和杰恩就有效地运用了他们对某个城市市政府的业务需求及挑战的知识。他们已经参与过几个小型的项目，通过这些项目了解到一个让所有城市雇员在市政社区内有效与市民交互这样一个目标。在讨论一项向市民提供多样化的培训请求时，弗恩和杰恩将多样化活动与该市的这个目标联系起来，提出了一条具有说服力的建议。这种方式促进了城市主管们的讨论，结果产生了一个协议去评估市政府的多样化需求。从这个评估中得到的发现用来形成一套协调的行动来实现这个城市的目标。弗恩和杰恩运用了他们关于这个城市及其业务目标的知识，将他们的战术性角色提升为战略性角色；这项工作从单一的解决方案（培训）变为一套更全面的多样化行动计划。

显然，有许多方式可以建立业务知识。你作为绩效顾问，不管是内部顾问还是外部顾问，你所有的信誉都与你表现出来的业务知识水平有很强的关系。这不是“有就更好”的东西，而是与客户建立良好合作伙伴关系的前提条件。获得与加深这种知识是优先之选。

## 展示你的专业知识

要在客户那里获得信誉，你必须要有深厚的业务知识；你还要对你所处专业领域及所用工具具备深厚的知识。目标是要将你的业务知识与这些过程与工具整合起来，这样你可以为客户的特定情况建议最佳的解决方案。

你应拥有什么专业知识？基本要求是具有人力资源、学习、组织发展和人才管理解决方案的多种工作知识，如招聘、甄选、人才培养、职业管理、继位计划和薪酬等。从战略上运作的绩效顾问，要有关于人才分析的知识，这点正变得越来越重要。

我们所说的“解决方案的工作知识”，是指要有能力识别战略性需求以提出解决特定需求的合适解决方案。还有一点也很重要，就是要知道什么时候一个解决方案可能是无效的。包含在这种知识中的是从宏观层次上判断解决方案设计的需求以及在实施解决方案时需要解决的问题。虽然你可能有实施某些解决方案的专业知识，但是在消除绩效差距以确保业务成功时，单凭一个人要成为开发和交付一个业务要求的所有解决方案，是不可能的。记住：当目标是提高绩效和有效影响业务结果时，需要多个解决方案。你需要的是掌握充足的知识来识别和定位合适的资源，而不是自己开发和交付解决方案。

我们把这种层次的知识定义为“基本胜任力”——这是门槛。还要求其他许多领域的专业知识和实战经验，包括下列的一些或全部：

- 变革管理。变化的速度越来越快。你可以在变革的引进和执行上为客户提供宝贵的指导。
- 咨询模型。作为绩效顾问，你的想法和建议被接受并不是通过职位的权力，而是通过影响和指导其他人。这要求你用经过证明为有效的心智模型，如我们在本书中描述的这个模型。
- 关键思维。这种能力关注将来自多种来源和方法的信息概念化并进行分析、综合和评估的需求。
- 电子系统。对支持绩效及用于提高该绩效的解决方案的电子系统、软件和技术的工作知识，也很重要。
- 人力绩效技术（Human Performance Technology, HPT）。人力绩效技术是建立在大量研究和大量知名人物如托马斯·吉尔伯特（Thomas Gilbert）和吉尔里·鲁姆勒（Geary Rummler）工作基础上的知识体，关注如何设计系统使人力和组织成功运作。
- 组织发展。理解如何系统地改变整个企业而不是单独一个部门或员工群体是很重要的。组织发展能力提供了定义和协调组织中多个元素——使命、目标、系统、过程和结构——的知识。

下一个问题是如何培养这种知识和技能。一个显而易见的答案是参加大学的课程，最终获得学位。但是，学位本身是不够的。专业领域是动态变化的，学习必须持续不断。当然，与受人尊重的同事交往很重要，阅读本领域著名的作者和研究人员出版的书籍也很重要。最后要提的一点是，要寻找能提供在领域内的发展机会以增强和加深你的技能的工作经验。

## 应用在业务和人力资源或学习上的知识

本章到此为止我们关注的是你需要知道的内容。但是，信誉是通过“以你所知做你应做”来获得的。

下面是成功的绩效顾问在工作中用以增强信誉的一些实践：

- 在展示解决方案提案时，要有明确清晰的财务可行性分析，说明解决方案将要发生的投资和回报预期。
- 在业务部门内和跨部门之间进行“连点成线”的关联。讨论另一个业务部门正在发生的战略行动，并就这些战略行动对你所支持的业务单位的影响提出相关问题。
- 通过问问题来开阔客户的思维。
- 在业务会议上，提出超出该组织一般惯例的建议。
- 用语言和行动展示你不仅分担解决方案本身的质量责任，还分担业务和绩效结果方面的责任。
- 在与客户讨论时要客观；在展示你的观点时要实事求是。交流构成你的判断力基础的多种观点，坦诚提出你的观点。
- 当客户更青睐的行动不适合当前情况时，要施加影响。当客户的期望结果和建议的解决方案并不匹配时，要表明你的担忧。

- 对于一个新客户，首先要合作的事情是挑选一个你能够迅速获得结果的小项目。这样，客户就会把你看成一个行动迅速并能取得成果的人。

最重要的是你要将信誉的建立当成一个目标。不要等着它发生，而是促使它发生！

## 信任

在与客户积极、有效的咨询关系的三个基本因素中，信任可能是最脆弱、最排他的。我们将信任定义为客户对你诚实可靠地实现支持业务的结果的信心。

真的没有单独哪个行动可以建立信任。信任是通过长期一致地展示出许多行为和价值观而建立起来的。但是，信任可以通过一个看似为自己服务而不是关注客户的行动而毁掉。

让我们来看一个常见的情景。你是否愿意继续接受这样的顾问的服务，这位顾问在你的眼中似乎更在意获得合同而不是做最有利于你的组织的事情？显然这位顾问有能力也一直做得很好，所以才能让你一直用这位顾问。你怀疑的是这位顾问工作的出发点——动机。他的动机是提供有利于你的组织的服务，还是卖出他的服务以获得更大的合同和赚更多的钱？你对这位顾问的动机的不确定，最终有可能导致信任的消失。

当客户向你寻求建议时，你就会知道客户信任你。客户邀请你出席关键的会议，这是信任的另一种表示。如果他们与你分享个人的焦虑或保密信息，你就知道你已经赢得了比较高的信任水平。

你可以通过许多方式来建立信任。最显而易见的方法是当客户与你分享保密信息时你要保密。将保密信息泄露给他人，肯定会毁掉信任。另一种重要的做法是重视你向客户做出的承诺。下面是你可以采取的另一些行动：

- 确保你的言行一致；避免提供模糊的信息。
- 行为方式要表现出对组织价值观的支持。
- 在客户合作有困难时，直接去找客户本人讨论这种情况。要开门见山，讨论与客户的问题而不是先去找其他人。
- 在敏感问题上要当共鸣板，展示出强大的倾听能力。欣赏其他人的观点。
- 分享你自己的观点和视角，即使和主流观点不同的时候；避免当一个唯唯诺诺的应声虫。
- 关注全局和共同目标；帮助将讨论提升到这个级别。
- 承担你对自己行动的应付责任和这些行动的后果。
- 避免责怪他人；相反，要将注意力放在能做什么来纠正错误上。

## 迪克·韩肖的逸事

1995 年，迪克·韩肖在宾夕法尼亚州匹兹堡市的一家公司对客户的员工群体进行演讲。迪克的演讲主题是教学设计，另外还包括他的客户鼓励他讨论的一个新的主题——绩效咨询。在这个演讲中，迪克对汉娜·罗宾逊和吉姆·罗宾逊的著作做了评论，他俩刚刚出版了关于绩效咨询的第一本书。汉娜和吉姆那时刚好也住在匹兹堡。

迪克的客户很有幽默感，喜欢为他的顾问制造惊喜。这位客户鼓励迪克引用汉娜和吉姆的著作，但没有告诉迪克，吉姆·罗宾逊也在听众当中。在演讲结束之后，客户很高兴地将迪克介绍给吉姆。迪克自然有点担心，希望他刚才做的评论是恰当的，是吉姆会支持的。在迪克回到北卡罗来纳州夏洛特之前，罗宾逊夫妇邀请他到 Parterns in Change 的办公室。于是迪克和罗宾逊夫妇之间开始了一段职业上的关系。

在接下来的几年里，迪克的公司成为最先雇用罗宾逊夫妇以提高员工绩效咨询能力的咨询公司之一。迪克参加了罗宾逊夫妇在一些大会上的多个演讲，并跟踪了他们的著作。时间长了以后，迪克和罗宾逊夫妇的职业关系也转变成了私人友谊。

很有趣，不是吗？一次偶然的机会可以发展成影响一个人职业未来方向的合作伙伴关系。在这个例子中，它包括了迪克成为本书合著者的机会。它肯定了本书信奉的一条原则：绩效咨询是一种由关系驱动的过程。你永远不会知道哪段关系会改变你的职业。

---

## 本章要点

1. 如果你有机会与你的客户做绩效咨询，那么，建立与维护良好的客户合作伙伴关系是一个要求。这些关系是通过你采取的行动建立的，它们不是自然发生的。因为关系是动态的，所以需要持续不断地在合作伙伴关系上投入时间。

2. 良好的合作伙伴关系建立在三个元素的基础上：

- 接触
- 信誉
- 信任

3. 要接触到客户，要求你识别有资格作为客户的那些人。客户分为两类：持续型客户和项目型客户。有几条标准来判断“真正”的客户，其中一条是这些人负有实现业务结果的责任。

4. 信誉要求你对业务及你所处行业有深厚的知识，同时还包括对许多可能的、可用的解决方案具有工作水平的知识。

5. 信任意味着客户对你诚实可靠地取得支持业务的结果有信心。

## 下 载

这里列出了支持本章内容的工具。工具可以从 Berrett-Koehler 网站购买和下载。下载指南请见第 238 页。

- 组织和行业知识评估工具
- 客户关系战略工作表
- 绩效咨询能力的评估
- 批判性思维能力的评估

# 第 4 章

# 被动识别战略机会

“如果一个问题不能在它被构想的框架内解决，那么解决方案就是重构这个问题。”

——布莱恩·麦克格瑞卫（Brian McGreevy）

“我们正打算采取团队销售的方法，我想讨论一下未来支持这种方法的薪酬计划。”

“我们正经历着本来可以预防的但不断增长的偶发事件和事故。对生产部门来说，安全是主要目标，我们能为操作工和主管们提供一些什么样的安全培训呢？”

一个有着上述需求的客户，一个月会联系你几次呢？对每种需求，在你心中都会有一个解决方案；而客户在设计和/或执行该解决方案方面正寻求你的帮助。从本质上讲，这种方法很有可能会导致成果寥寥或一无所获。这是因为绝大多数绩效问题是由多种原因造成的。所以，要产生持续的变化就需要多个解决方案，单一的解决方案很少奏效。

客户对解决方案的请求，为你提供了运用绩效咨询方式的机会。在这种情况下，你要问强有力的问题来重构请求，使请求变为帮助客户关注寻求实现的业务和绩效结果，而不是他们请求的解决方案。当你成功地重构请求时，你将从战术性的角色（提供解决方案）改变为战略性合作伙伴的角色，与客户一起决定问题和解决方案。

## “重构”究竟是什么

重构的目的是要让客户从不同的视角审视所表达的需求。这要通过问强有力的、关于客户所寻求结果的问题来实现。这时不要问客户关于“解决方案”的问题。考虑下面这个请求：“我手下有两个团队一直在闹矛盾。所以我想提出某种类型的团队建设方案。”尽管该位客户已经明确了需要一种团队建设的解决方案，但客户似乎还在寻求某种超出提供团队建设行动计划之外的结果。解决团队冲突是一种可能的结果，但还可能存在驱动该需求的某种业务结果。在重构的讨论中，不要聚焦于解决方案（团队建设行动计划），而是要关注期望的绩效结果（解决团队冲突），以及与该绩效有关联的业务结果。通过运用 Gaps 逻辑和富有技巧性的提问，你就可以将讨论扩展开来，对需求进行重构。通常，这种讨论的结果会让客户认识到，如果要决定解决方案的话，就必须获得某些目前缺少的信息。没有这些信息而埋头前行，会导致盲目决策并带来这种方法固有的所有潜在隐患和问题。通过对用户需求进行重构，你就增加了客户要你帮助获得这种丢失信息的可能性，提高了客户愿意在获得缺失的信息上得到你的帮助的可能性。这样，你也将自己的角色从战术性的（解决方案的提供者）重构为战略性的（帮助决定需要什么）。在重构讨论中，你的目标不是解决问题，而是与客户合作决定究竟什么才是问题。

第 2 章我们向你介绍了需求层次，这一层次模型表明了业务需求、绩效需求、组织能力需求和个人能力需求之间的相互关系。正如我们前面已经指出的那样，作为绩效顾问，你的目标就是帮助客户定义和协调这四种需求。当客户需求为提高个人或组织能力的解决方案时，你就被带入了需求层次中心框架中。如图 4.1 所示，当你重构请求时，你是从内部的框架向外扩张进行的。要成功地重构需求，你可以运用两种方法：

- 问强有力的问题。
- 用令人信服的逻辑提问。

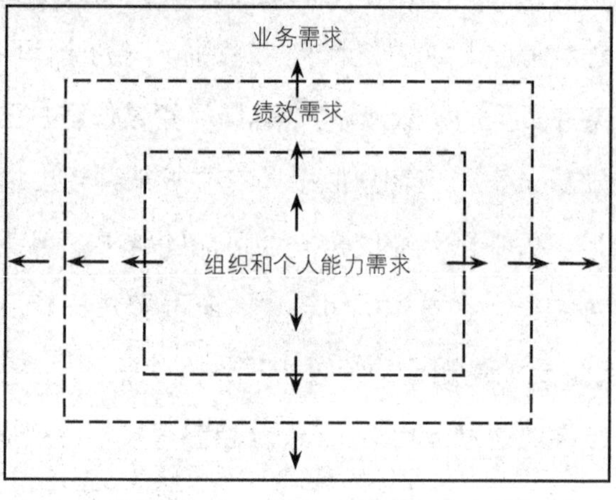


图 4.1　重构讨论的方向

## 问强有力的问题

在讨论提问的艺术时，我们想起有一次访谈一位高管，谈他从人力资源合作伙伴（HRBP）那里得到的支持。这位高管说："合作伙伴提问，然后帮助我们回答了一些自己甚至都不知道的已有的问题。"换句话说，这位 HRBP 所提的问题和他为获得答案而做的工作所得到的重视同样多。我们相信，作为绩效顾问，你问的问题比你告诉客户的事情能带来更多的见解和更大的影响力。绩效顾问所问的问题（包含在绩效咨询过程中并使用了令人信服的逻辑）分为三类：

- 目标问题识别业务和绩效的目标或所期望达到的状态。业务目标用数字来加以描述（如“我们需要将销售量提高 500 个单位”），而绩效目标是用行为来加以定义的（“销售代表必须问试探性的问题来判断客户的真实需求”）。
- 现状问题明确了与目标相比，当前存在的问题是什么。业务现状信息用量化的术语来描述当前的结果（“我们当前的销售增长量为 300 个单位”），而绩效定义了特定员工群体的当前行为（目前，销售代表中没有人提出探究性的问题）。
- 原因问题聚焦于造成当前局面的三类根本原因：组织外部的原因、组织内部的原因和员工自身的原因。原因问题也能识别一旦新的行动计划开始之后可能阻碍未来绩效的因素。原因问题寻找业务结果上的差距的原因以及绩效差距的原因（你为什么认为，大多数销售代表没能通过向客户提出研究性的问题而导致无法发现客户真实的需求）。

问目标、现状和原因问题为你提供了关于某个情况的已知内容。这些问题还揭开了未知但必要的信息，以及为获得这些信息而需要采取的步骤。有四种方法对问强有力的问题很关键：你的问题需要是开放性的、对原因中立的、对解决方案中立的及专注的。下面让我们更详细地讨论这些方法。

### 开放性

这类问题不能用“是”或“否”来回答。每个问题都要求更全面、叙述性的回答。考虑下面两个目标性问题的区别：

- 你的销售代表是否在他们一开始讨论的时候就确定客户的需求?
- 你需要你的销售代表在一开始与客户的讨论中做得更多、更好或不同的是什么?

这两个问题的设计都是为了了解销售代表在与客户讨论时应该做什么。然而，获得最好信息的是第二个问题。实际上，一旦有了对这个问题的回答，接着可能会有进一步的问题来加深对客户在寻求什么样的绩效结果的理解。

**对原因中立**

避免在问题中暗示可能存在的障碍。你的目标是引导客户的发现过程，与客户合作来判断关于当前情况什么是已知的、什么是未知的。让我们再来看两个问题:

- 管理者在多大程度上有充分的数据可以做出你认为他们需要做的决定?
- 你为什么认为管理者在做你所描述的这些决定时有困难?

第二个问题在结构上是中立的，给客户提供了一个机会描述他对可能存在的障碍的了解。客户也可能会承认他们不确定决策缺失的原因。这种反应为你提供了一个完美的机会，你可以建议在解决方案之前决定这个问题的答案。

**对解决方案中立**

就像我们要避免暗示当前情况的原因一样，我们也要避免建议或假设可能要实施的解决方案。在开始讨论时就讨论解决方案的选择，可能还不成熟。你认为下面哪个问题是最有力、中立的?

- 你希望主管们参加这个培训之后，在工作中的哪些地方会有所改变?

- 你希望主管们在工作中的哪些地方会有所改变?

显然，第一个问题假设会有某种培训的解决方案；第二个问题则没有这样的假设。

**专注**

你问的每个问题都需要专注于 Gaps 地图中的一个特定元素。当我们问宽泛的问题时，我们通常会得到模糊的、基于意见而不是事实的回答。通过问专注的问题，我们可以从客户那里得到更具体的回答，而且“我不确定”这样的回答的概率会增大。“我不知道”这样的回答，提供了一个询问在开始解决方案之前获得这些信息是否有益的机会。下面再来看两个例子：

- 目前情况怎么样?
- 当过程不在规范之内时，技术人员通常会采取什么行动?

第二个问题用于判断关于绩效当前状态的特定信息，这是一个绩效现状的问题。用第一个问题，我们几乎可能得到任何回答，有些回答可能只能让你得到对这个问题的有限了解。图 4.2 提供了一个帮助重构讨论的通用问题的启动列表。

**业务需求**：业务目标是什么？ 员工群体：哪个（或哪些）群体有助于实现这个目标？

**客户**：谁负责实现这个业务目标？

**业务目标**

- 你的员工群体的业务目标是什么？
- 你如何度量这些目标的成功？
- 如果现在有实现这个目标的业务部门或职能，他们做了什么与众不同的、有助于取得这些结果的事？

**绩效目标（成果和行为）**

- 如果要实现这些目标，需要（员工群体的名称）有什么样的工作绩效？
- 如果有明星员工，他们是在哪些地方做得更多、更好或不同才取得这些结果的？

**业务现状**

- 你的群体当前的结果是什么样的？
- 一般的业务部门或职能的实际结果是什么样的？

**绩效现状（成果和行为）**

- 在（取得某个成果）时这个工作群体中的员工一般是怎么做的？
- 你观察到什么让你相信人们将从（已经实施的解决方案）中受益？

**组织外部的因素**

- 你的业务目标与当前结果之间差距的原因是什么？
- （答案可能是内部因素也可能是外部因素。）

**组织内部的因素（组织能力）**

- 员工应该做的与他们现在做的之间差距的原因是什么？
- 如果实施了（建议的解决方案），可能还有什么其他原因让员工难以按照要求执行？

**员工自身的因素（个人能力）**

- 员工的能力与工作的要求相比如何？
- 如果员工要成功，他们需要哪些技能和知识？

图 4.2 目标、现状和原因问题的启动列表

## 用令人信服的逻辑提问

问强有力的问题本身是一个重要而不充分的方法，你还要用令人信服的逻辑路径来提问。我们所说的“令人信服的逻辑”指什么？我们指的是你开始提问时，要从客户的想法开始，然后以逻辑的方式来引导讨论，讨论 Gaps 地图中包含的所有元素。

想象一下客户服务经理和她的绩效顾问之间发生的场景。

经理：我想要讨论新员工的一些培训需求。

绩效顾问：我期待我们的讨论。我希望从了解你的业务目标开始，你今年有什么运营目标？

你对这个假想的谈话的反应可能是“啊”，经理的请求与绩效顾问的回答之间没有联系，没有逻辑。

运用令人信服的逻辑的第一个原则，是从客户提出的需求层次中最高层的需求开始你的提问过程。本质上，你们的谈话是从客户的想法开始的，而不是从你的开始。在上述场景中，绩效顾问这样的回答会更恰当：

绩效顾问：我期待与你讨论这个需求。你观察到你的新员工做了什么或没做什么才让你得出他们参加某种培训可能会受益这个结论的？

这是一个发起讨论的绩效现状问题。一旦讨论了当前的绩效，我们就可以进一步讨论绩效目标。客户希望新员工在哪些地方做得更多、更好或不同？从这里我们要了解当前绩效的原因。以这种方式，我们从客户的想法开始，但将讨论从解决方案引导到员工的绩效，使之成为更健康的谈话。

我们还要讨论客户的业务目标，因为它们关系到该员工群体。所以，现在逻辑路径用一个类似“如果你的员工要像你刚才描述的那样操作，这对该群体的业务结果会有何影响”这样的问题，让我们转移到 Gaps 地图的另一边。提出这个业务目标问题，你现在就转移到了有关业务的讨论。一旦获得了业务目标的信息，我们就很容易地转移到业务现状问题（与这些目标相比，当前的结果如何）和原因（你所描述的在期望业务结果与实际结果之间的差距的原因有哪些）。逻辑路径如图 4.3 所示，图中的数字表示提问的顺序。

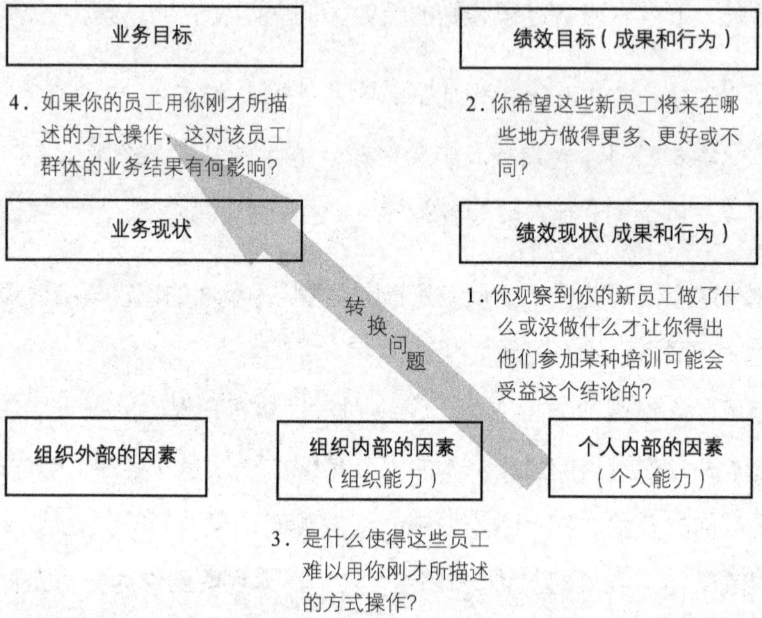


图 4.3　从地图的绩效一边开始的逻辑路径

但是，如果需求本身就包含了业务目标或差距呢？例如，看看客户的这个请求。

“我们本可预防的事故和事件在增多，安全是我们生产组织的一个主要目标。我想我们需要为操作工开设一个安全进修课程。我还想在轮班中设置某种竞争制度，奖励接下来三个月中安全记录最好的那一班。”

客户已经表明安全是个问题（业务需求），要在实施两个解决方案上寻求你的帮助（安全进修培训和某种奖励制度）。这个业务目标是客户所提出的最高层的需求，因此你要在谈话开始的时候将重点放在地图的业务一边，获取尽可能多的信息。像“生产组织的安全目标是什么”和“我们现在是如何跟踪每个目标的”，这样的问题就是能产生操作信息的问题的例子。当你揭开了业务目标和业务现状之间的差距时，就问诸如“告诉我更多关于安全结果变糟的原因的信息”。一旦你获得了关于地图业务一边的足够信息，就可以转移到绩效一边，继续讨论。转移时的一个好的表述是“显然，操作工是改善安全结果的关键。如果要实现这些安全目标，他们需要在哪些地方做得更多、更好或不同”。图 4.4 表明了当你进入 Gaps 地图业务一边的逻辑路径。

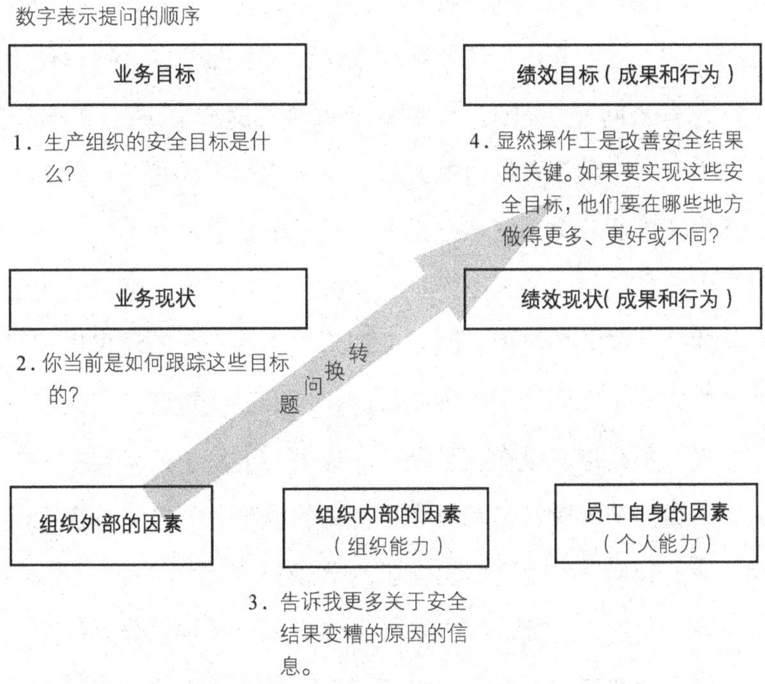


图 4.4 从 Gaps 地图的业务一边开始的逻辑路径

## 用于重构讨论的核心实践

下面是成功的重构讨论中有用的另外五个实践。这些实践已被运用于成千上万的重构讨论中，特别是罗宾逊夫妇的讨论中。

1. 兑现“我不知道”的回答。这种技巧是从销售过程借用而来的，在销售过程中，销售员在整个谈话中不断地寻求小的承诺，而不是等到最后才判断是否存在这样的承诺。当客户回答“我不知道”时，问客户在继续之前决定这些信息是否会有帮助。如果客户回答“是”，你就进入了获取信息的角色而不单是实施解决方案的角色。
2. 深入探讨关键问题。客户经常会用含糊的信息来回答问题。例如，客户可能会表示他的团队需要协作和互相支持。通过询问将回答变为一个问题：“团队成员需要做什么才能表现出协作和支持的行为？”这种深入探讨的方式通常会产生不确定性，提供了另一个兑现和判断获得这些信息是否有帮助的机会。
3. 当客户的解决方案不恰当时要推回。如果客户确定了他们寻求的具体绩效或业务结果，然后又表示要实施一个不能提供那些结果的解决方案，你要表示出你的忧虑，这点至关重要。如果你没有表示出来，那么你就是在认可提议的计划。当解决方案实施了却没有达到期望的结果时，你就有失去信誉的风险。如果宝贵资源没有得到充分的利用，你也要做出自己的贡献。
4. 用“是的，另外”的方法。当你已经尽了自己最大的努力，而客户仍坚持要实施一个不可能取得期望结果的解决方案时，这种方法就很宝贵了。用“是的，另外”这种方法，你同意实施解决方案，同时还建议一个或多个额外的行动来提高成功的概率。在我们前面的IT例子中，客户坚持重组的方案，你可以用“是的，另外”的方法来同意客户的解决方案，另外再从该员工群体中的一些人当中获取关于他们认为需要什么才能取得更好的项目结果的信息。你可以在开始计划重组的会议上与客户一起察看这些发现。那时客户可能会选择更加全面的解决方案。

5．准备好完全退出。当重构讨论结束时，要决定接下来的步骤。可能会有四种结果：

- 以战术性的、专注于解决方案的方式展示的情况仍然是以战术性的方式来解决，客户决定继续实施解决方案。
- 情况变为既是战术性的也是战略性的，这意味着你在交付解决方案的同时，还将收集更多信息来决定可能还需要哪些额外的措施。
- 情况变为战略性的方式，这意味着在获得更多信息的同时原本建议的战术性解决方案暂缓实施。
- 决定这次不采取任何措施。你退出这种情况。

作为绩效顾问，你有责任对请求进行排序和筛选，用你所获得的信息来决定下一个恰当的步骤是什么。有时候下一个恰当的步骤是不采取任何措施。我们发现，有10%~20%的请求经过重构之后不需要采取任何措施。最重要的是，这通常也是客户同意的一个决定。可能客户承认，提问的过程已经在他头脑里引发了关于这种情况的一些问题。他想要用更多时间和她的团队讨论，可能需要什么及考虑可能的选择。我们感到这是最激动人心的结果！想象一下你的客户在一个30~60分钟的谈话之后决定，在这个时候继续任何解决方案将是不成熟的、无效的。由此你就避免了分配资源去实施可能不会产生持久影响的解决方案，并且你这样做得到了客户的全力支持。

## 重构请求：如何做

桑迪是一家大型金融服务机构支持内部销售和服务（ISS）部门的一位人力资源战略合作伙伴。该机构在美国的五个城市设有办事处，其客户主要是在市、州或联邦内的行政机构或事业单位工作的人。这些客户的资金投资于该金融服务机构销售的各类股票和年金保险。

ISS 内的一个关键职位是金融服务代表（FSR）。这一职位被认为是该机构入门级的专业职位。一般 FSR 招聘的是应届毕业生，然后投入可观的投资来培养他们。他们的角色是双重的：对客户的关注和投诉做出回应，并在客户投资组合的管理上为客户提供咨询。例如，客户可能会要求更激进的投资组合，寻求购买股票或基金上的建议。FSR 的薪酬和奖金是按照他们完成销售定额的情况领取的。该机构的所有办事处大约有 700 名 FSR。

### 提出的需求

桑迪的一位客户是 ISS 部门的副总裁。几天前副总裁发了一封电子邮件给桑迪，表示希望讨论为 FSR 创造职业发展道路，并希望为 FSR 设计一个教育计划，希望这样会让 FSR 意识到职业发展道路及其益处。桑迪意识到客户已经提出了一个带解决方案的请求，却没有提供更多的信息。因此她准备了一个重构会议，并安排了与客户一小时的会议。她将 Gaps 地图带到了会上，打算在她获得更多信息的时候在上面记下笔记。

### 重构讨论

在讨论其他话题的一些非正式讨论之后，桑迪开始了会议，首先肯定了客户为 FSR 创造职业发展道路的请求。然后她问了这样一个问题："你观察到了什么让你相信此时 FSR 需要职业发展道路？"客户指出，意料之外的 FSR 离职不断增多，趋势令人担忧。她还提到在 FSR 身上做了可观的投资，就是希望他们能够在本机构中继续其职业发展。桑迪了解到，前两年的离职率低于8%，而在过去6个月中，离职率上升到16%，并且没有任何理由让人相信情况会改善。副总裁在离职面谈中了解到，好几位FSR离开公司到另一家公司应聘差不多的职位，工资和福利并没有显著的变化。FSR离职的最常见的原因是寻求“更好的机会”。这种含糊的回答在客户听来，似乎FSR并没有认识到他们在这个机构中的机会和职业发展道路。因此就有了要形成职业发展道路和对FSR进行教育的请求。

桑迪知道，客户已经让她加入了对这种反应的业务讨论中，所以她选择留在那里，并问：“FSR离职对部门的其他业务结果有何影响？”她得知，部门正在处理不断增多的违规事件。副总裁还表示，从FSR上升到他们主管甚至管理层那里的客服投诉和问题不断增多。他们的目标是要在客户最先请求的时候就解决问题，显然，FSR的离职给留下的FSR带来了更大的压力，对该群体的士气有负面的影响。

桑迪了解了当前的业务情况之后，她决定转移到Gaps地图中的绩效一边：“我知道这个部门有68位主管。是否有主管管辖下的FSR离职率很低呢？”副总裁说她确定有。实际上，她说了她知道的两位主管，他们的FSR离职率低于5%。桑迪接着问：“这两位主管在什么地方做得不同导致如此低的离职率？”副总裁停了一会儿，然后说她认为这是一个很好的、很有启发的问题，但她不知道答案。桑迪问，在开始任何解决方案之前，收集这个问题的一些答案是否会有帮助。副总裁认为有帮助，只要能够快速地获得这些信息。

桑迪接下来转到原因的讨论。她肯定了客户在离职面谈中获得的关于FSR选择离开组织的原因的信息。不过，副总裁也提到，客户投诉不断升级和违规问题不断增多。桑迪问:"你觉得这些问题的原因是什么?"副总裁回答说，她认为留下的 FSR 压力增大，因为他们在人手不足的情况下工作。通常 FSR 辞职会提前两周通知，这一时间段并不足以招到人来填补空缺。目前，共有 30 多个空缺的职位。桑迪肯定了人手不足可能是导致问题的原因之一。副总裁还指出，大约一年前他们已经投资开发了一门客户服务课程，所有的 FSR 都参加了。这门课程的关键要素集中在一次性解决客户投诉，即在第一次接到客户电话的时候就要解决问题。于是，桑迪在副总裁回答之后接着问:"除了人手不足，还有其他的什么因素可能会导致这两个业务问题?"同样，客户承认，她不知道，确定这点会有所帮助。

### 后续的计划

当讨论要结束的时候，桑迪总结了她现在对目前情况所了解的东西，以及未知的、重要的、要确定的东西：为什么有些主管在留住 FSR 上有更好的结果；是否还有其他的什么原因导致客户服务质量的下降和违规情况的增多。桑迪和客户达成一致，让桑迪进行电话访谈，桑迪将对过去 6 个月中 FSR 离职率不高于 6%的主管进行电话采访。此外，她还将采访一些 FSR，以确定他们在客户服务及遵守规定上面临的挑战。最后，她会将这次谈话作为一次机会，用来确定 FSR 在人们为什么离开该机构上知道并会分享的东西。桑迪和副总裁达成一致，两周之后他们将再来看从这一评估中得到的结果。

### 结果

由于桑迪问发人深省的问题，采用了从客户想法开始的逻辑路径，她引导了讨论，使讨论的结果是去获取更多信息这样一个请求。最后，创造职业发展道路可能是恰当的，但仅其本身可能不会解决副总裁正遭遇的许多问题。桑迪将一个关注解决方案设计与实施的请求，重构为一个关注获取更多信息的请求。在这个过程中，桑迪也重构了她的角色：从解决方案提供者到战略合作伙伴。

## 本章要点

1. 重构是当客户头脑里已经有解决方案时所用的一种提问的方法。在重构讨论中，你要关注客户寻求的结果，而不是客户已经请求的解决方案。在这种讨论中，目标不是要解决问题，而是要与客户一起判断问题是什么。

2. 成功的重构讨论取决于有效的提问方法，包括：问强有力的问题；用令人信服的逻辑提问。

3. 强有力的问题是开放性的、对原因和解决方案中立的，并且专注于 Gaps 地图中的一个元素。它还支持从客户的想法开始的原则。

4. 如果客户坚持实施解决方案，即使这个解决方案提供期望结果的可能性很低，那就要推回客户的请求，这点很重要。如果客户还继续坚持实施这个解决方案，用“是的，另外”的方法会提高成功的可能性。

## 下 载

这里列出了支持本章内容的工具。工具可以从 Berrett-Koehler 网站购买和下载。下载指南请见第 238 页。

- **启动问题列表**
- **重构讨论模板**

# 第 5 章

# 主动识别战略机会

“这世上的成功之士，都在奋力寻觅自己想要的机遇，倘使他们无法找到，他们就自己创造。”

——萧伯纳（George Bernard Shaw）

比尔是一位绩效顾问，他秉持着“创造机遇”的态度，在遍布北美的一家大型非营利组织中工作。一个开放参观日，他与一位社群经理谈话，社群经理想请他给四位新董事简单介绍一下他们的董事职责。比尔曾经为新的董事会成员介绍过，这次他也表示很乐意做这件事情。他知道董事会的角色变化一定程度上是令人失望的业务结果导致的，于是他同时向社群经理问及这些结果及其对董事会职责的影响。他的问题引起了大家的深思，社群经理邀请他下周再约个时间继续讨论。所以，虽然客户最初的需求是战术性的（为新的董事会成员介绍），但比尔通过主动提问，成功地在更具战略性的需求上（定义董事会的角色）与客户成为合作伙伴。如果比尔没有通过问题表示出他对讨论情况的兴趣，他就不一定会受到进一步邀请。就像我们前面提到过的，要识别可以合作的战略性机会，你必须能够接触到真正负责的领导者。接触提供了一个主动让战略性合作机会浮出水面的平台。

## 需要主动讨论的情况

作为绩效顾问，要采取主动讨论有两个原因：加深与客户的合作伙伴关系；识别可以与客户合作的战略性机会。然而，这并不是说每次主动讨论都能获得成为客户合作伙伴的机会。但是，当这样的机会出现的时候，你在项目中的角色则几乎被定位为战略性角色。你不是在实施别人的决定，而是提供输入，参与决策。

被动讨论和主动讨论的一个明显区别在于：如何开始讨论。

在被动讨论中，你响应客户的请求。因为客户是谈话的发起人，因此要从客户的想法开始讨论，而客户的想法往往是专注于解决方案的。此时，你的目标是重构讨论，把讨论从专注于解决方案转移到专注于驱动客户提出请求的业务需求。

在主动讨论中，你是谈话的发起人，所以，你来决定谈话的内容并选择以探索客户的业务需求为起点。在这个过程中，你需要运用 Gaps 地图中的逻辑来引导讨论，以保证在讨论结束时双方可以获得想要的绩效与能力需求。如图 5.1 所示，讨论是从最上层的业务需求开始的。

有几种情况能够创造发起主动讨论的机会。下面来看其中的一些情况。

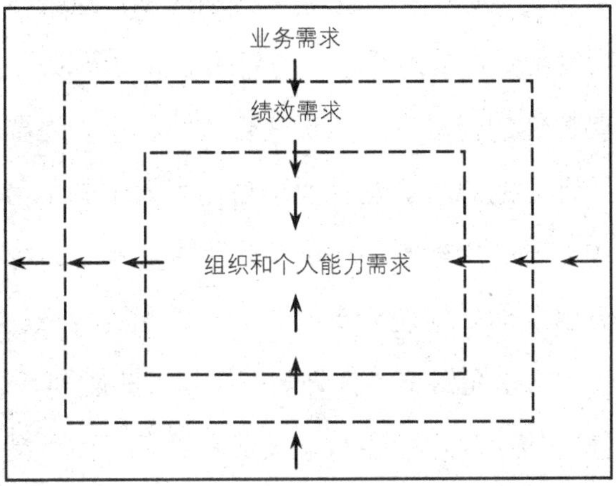


图 5.1 主动讨论的方向

## 业务计划周期

组织的业务计划周期提供了大量主动讨论的机会。例如，如果本财政年度的业务是从 1 月 1 日到 12 月 31 日，那么计划的流程经常在 6 月和 7 月的时间表上出现，并需要在 12 月底前结束。在这一周期里，召集你的客户开会进行主动讨论的最佳时机就在 11 月和 12 月。到这一时刻，业务目标、战略和挑战已经得到识别并经过了讨论。管理人员知道哪些员工团队对于取得目标是必不可少的，但可能还没有下力气思考这些团队必须将什么工作做得更多、更好、更加与以往不同。对你来说，这时是提出这些问题的绝好机会。当召开会议的时候，你可以指出，业务计划过程接近完成。关于来年业务单元的目标、挑战和战略你知道的越多，你就越能更好地提供与这些业务目标相关的支持工作。这种方法的一个优点是，可达成在年内计划召开一系列业务回顾会议的协议。

## 新客户

另一个触发点是当你支持一个新客户的时候。这经常发生在你支持的业务单元的领导发生更迭的时候。当与新的业务单元领导进行讨论的时候，你要指出不仅要在你的行动中对人员变化进行调整，还要表示出你希望更多了解业务单元计划的想法。这种主动讨论有三个基本目的。第一，获得接触此人的渠道以及开始建立信誉和信任关系。第二，提供给新领导有关你的组织的信息以及你如何能够支持该业务单元的信息。第三，确定该业务单元领导为该业务单元做出的计划。有可能客户刚刚开始要形成未来 12 个月的计划。你问的问题可能会激发其认真思考，而且会促成你参与修订这些计划。

## 新任命

另一个获取主动的机会是在你被分配到一个业务单元作为新的绩效顾问的时候。在这种情况下，你需要更多地了解业务以及客户对于未来的计划。在安排与客户的会议之前，一定要研究关于该业务单元的相关信息。在安排会议时，要向客户表明你希望更多地了解业务目标、挑战和战略，以便为该业务单元提供定向的、需要的支持。在会上，要询问你如何才能更多地了解该业务单元。本质上，你在使用我们早先提到的那种将你的客户变成你的教练的技巧。

## 公司新的行动计划

公司新的战略行动提供了另一个引发主动讨论的机会。通常绩效顾问会被安排参与引导企业文化变革的项目。尽管业务领导们已经设立了具体的业务和组织目标，但是他们并没有考虑到员工绩效对目标实现的意义。

作为绩效改进顾问，你能够帮助他们确认这些意义并确保取得绩效所需的工作环境支持。你也许还要参与到编制公司战略行动计划实施方案中，将绩效的影响及确保产生持续变革结果所需的事项都考虑进去。这样一来，你就成为“公司总部”的一员，帮助业务单元从逐渐推广开来的公司战略行动计划中获得成功。

## 燃烧的平台

引发主动讨论最重要的一个起因被称作“燃烧的平台”。你可能听说过 1988 年在北海的一个石油钻井平台上发生的大火和爆炸的故事。一位在钻塔上工作的雇员讲述了他被爆炸声和警报声惊醒的过程。在几秒钟内，这个雇员就从床上蹦下来然后从十五层楼高的平台上一头扎进冰冷的海水里——海水冰冷刺骨，如果没人搭救的话，一个人挺不过几分钟。最终他活了下来，并把他自己的故事讲给别人听。他说他做出了一个有可能会让他送命的一跳，因为如果不这么做的话，就意味着肯定会丧命。这种生死抉择需要在一瞬间做出，因为他置身于一个燃烧的平台上，必须要有所行动。由此“燃烧的平台”这个词语就新鲜出炉了，今天它在商业界被广为使用。这一术语指的是这样一种局面，维持当前状态是不可接受的，存在必须采取行动的急迫感。事实上，必须采取行动加以改变（Conner，1992）。

通过你的关系，你可能会了解到“燃烧的平台”的情况。通过安排会议来讨论它，你就是在进行另一种主动讨论。你不是广泛地讨论客户的业务需求与目标，而是将讨论的重担集中在具体的情况上。

## 连点成线

将你对业务和客户所了解的多种信息看成内容的“点”——例如：

- 客户组织的业务需求和当前结果。
- 关于组织所处的外部市场的信息。
- 组织的顾客和客户的偏好变化。
- 客户组织正在进行的项目和行动计划及其理由或促进因素。
- 客户可能感兴趣的、类似的甚至竞争组织的人才管理和发展实践的趋势。

当你将这些点连起来时，你就将所有看似支离破碎的信息整合了起来，识别了它们对客户组织和业务成功的影响。当你与客户讨论这些信息时，你就将目前不在但需要在客户关注范围之内的东西放到了那里，而且客户重视这种见解和指导。

下面是一个绩效顾问如何连点成线的例子。一家专门为消费品企业提供人力资源外包服务的机构，它有一个持续的职责是帮助企业招聘中高管理层职位的人。有一天绩效顾问收到客户的一个请求，请求帮忙招聘“市场营销管理”的职位。绩效顾问接到这个请求之前，不但知道这个职位的要求，还知道（根据市场调查发现）客户的偏好发生着显著的变化，这种变化对该企业业务部门的产品有负面影响。他对客户提到了这些趋势，说：“我认为我们可能需要重新考虑这一职位的要求，我们希望最佳的候选人能够担任这一职位四年或以上。看起来我们要选的候选人应该是能够帮助并带领我们进入新领域的人。”客户承认这个想法很好，但他也不确定应该如何修改职位的教育程度、背景和能力上的要求。这位人力资源合作伙伴志愿提出由他来找答案。一个战略性的合作伙伴机会就诞生了！这位人力资源合作伙伴没有简单地填补职位空缺（战术性的请求），而是将他的角色转换为战略性的，帮助定义引导业务向其未来所需要的不同类型的人。连点成线是提高客户对当前并不明显的需求的意识的一个很好的方法。

## 主动讨论

在讨论“主动讨论”的组成之前，有一点很重要，那就是这种讨论可能会出现一个问题：这个问题出现在谈话刚开始的时候，主动讨论是从这个问题的某种形式开始的：“告诉我你未来一年的业务目标。”客户的回答可能是提供业务或绩效战略，而不是业务目标。虽然战略也会讨论到，但不应该从战略开始讨论，要在讨论“如何做”之前讨论要“做什么”。考虑主动讨论中将讨论的事项的定义：

- 业务目标是单位、部门或企业的运营目标，并用数字测量。它是业务的“做什么”。
- 业务战略是实现业务目标的整体计划，这就是业务层面的“如何做”。
- 绩效战略是提高员工绩效的整体计划，这就是员工绩效层面的“如何做”。

表5.1为这些事项各提供了一个例子。

**表5.1 业务目标和战略的例子**

| 业务目标 | 业务战略 | 绩效战略 |
| --- | --- | --- |
| “我们需要提高两个著名品牌的市场份额。” | “我们在收购一家公司，它生产的产品将补充我们品牌已有的产品。我们希望确保该公司的整合有效地进行。” | “我们需要提高我们的劳动力的灵活性，让他们可以在日益增多的产品中以跨职能的方式运作。” |

在主动讨论中，这三项都要讨论，但重要的是要从业务目标开始。业务目标是战略所连接的“在地面上的桩”。如果客户对你最开始的问题的回答是战略，你要识别这点，并通过问题来澄清该战略所支持的业务目标，这一举动很重要。例如，如果你问的是业务目标而客户回答：“我们要收购

一家有补充性产品的公司。”你可能要问：“这一收购是为了达成什么业务目标？”业务目标很可能是要通过收购而不是通过自然的方式来提高市场份额。这样你就有业务目标可以讨论了。当你的讨论转移到用于实现该目标的战略上时，你可以引用客户之前提到的收购战略，进入更全面的讨论。

## 为主动讨论做准备

你可以做几件事来提高与客户的会谈成功的概率。表 5.2 列出了组织的信息，这些信息在谈话前了解可能有助于讨论。

**表 5.2 为主动的业务目标讨论准备的清单**

| 在业务目标讨论之前，于需要知道的信息旁边打钩。在讨论之前，确保你了解的信息是当前的。<br>（√） |
|---|
| ______1．客户所在业务单元、职能或部门的组织结构图。 |
| ______2．客户所在业务部门最当前的业务计划。 |
| ______3．关于客户管辖范围内的员工的统计信息（员工群体的数量、员工的地理位置）。 |
| ______4．关于客户所在业务部门提供的产品与服务的信息，包括这些产品与服务的顾客（内部的和外部的）。 |
| ______5．直接与该业务部门竞争的组织。 |
| ______6．与客户所在组织相关的正在发生的联盟、合资企业、并购和其他出售。 |
| ______7．用于测量客户所在业务部门结果的运营测量方法——包括它们是什么以及当前结果与目标相比如何。 |
| ______8．其他相关的项，如部门或职能关键人员的最近招聘、提拔和配置。 |

有一些项你可能已经知道了，有一些可能与你特定的客户并不相关。你要将时间投在了解对客户重要的那些项以及你当前的知识限制在哪里上。如果客户用“流转股总数”或“资产管理规模”这样的术语来测量结果，你知道这些术语的意思是什么，以及它们的影响因素有哪些吗？当客

户表示对具体工作群体的人的绩效的忧虑时，很重要的一点就是要知道该群体中大约的人数及他们的地理位置。你不要让客户解释这些你自己通过一些快速的调查就能很容易弄清楚的术语及细节。在会议之前做足功课是有回报的，能够在客户那里获得信誉，也能促使讨论深入客户的业务挑战和机遇。

## 主动讨论的管理

我们已经提到触发主动讨论的各种不同的情况。在安排与客户进行这类谈话的会议时，要请求一小时的时间。这种谈话需要实时地进行，可以是面对面的也可以通过电话进行。邮件和短信不是合适的替代。你要用谈话的方式来延伸回答。另外还要记住主动讨论的两个目的：加深与客户的关系，以及识别可能合作的战略机会。不是每次主动讨论都能带来这样的机会，你也不要表现得好像在努力推动这样的机会。至少，你在结束这类谈话的时候会对客户寻求实现的目标具有更深的理解，而在未来的一年中这些信息可能会有价值。

我们不断地为这类讨论中了解到的东西，以及持续型客户对参与这类讨论的热情感到惊奇。我们想起有一次一位人力资源战略合作伙伴安排了与一位总监的会议，这位总监在确认这次安排的时候要求在有白板的会议室里开会。到了开会的时候，这位总监给这位战略合作伙伴带来了许多文档，并用白板来展示与他的业务相关的行动计划和项目。会议比安排的一小时要长得多，最后他们确定了一个合作项目。

主动讨论的另一个原则是向客户展示你和你的职能将如何运作的机会。在你决定如何支持业务之前，你首先必须了解该业务。当我们认识的一位绩效顾问在与他的一位持续型客户进行主动谈话时，这点很明显。他们深入讨论了客户的业务需求；基本上没有时间花在描述可用的学习和人力资源的服务和产品上。当谈话几近尾声时，客户承认，让“人力资源帮助决定我的业务需求及如何支持它们，而不是让我搞清楚怎么最好地利用人力资源课程和服务”是让人耳目一新的变化！

显然，主动讨论是获得战略性工作入场券的一个重要机会。我们要充分利用这个机会，所以下面让我们来看一些经过验证的方法。

### 开始讨论

在问候和讨论其他的任何业务事务之后，从陈述会议的目的开始。因为是你发起的会议，你需要澄清你的目标并讨论对客户的好处，可能有什么好处呢？

- 增加你为该业务部门所提供的支持的价值。你要确保你所做的任何工作都与客户组织的业务需求直接相关并增加了价值。对当前业务情况的知识有助于确保这点。
- 提供预计需求的机会，而不只是对需求进行响应。当你通过响应请求来支持客户的时候，你也有可能预计需求。这种讨论能够揭示一些让预计需求成为可能的信息。

关于开头陈述的一个提示：一定要判断你的客户想要在这个会议上完成什么。我们发现，客户确实是带着对组织的具体情况或需求的问题而来的。要允许时间来讨论这些问题。

### 讨论业务目标

这是讨论中最重要的部分。业务目标代表着如果企业将来要成功必须完成的事情。你的客户负责实现这些目标。你必须知道哪些目标对客户是重要的，以及它们用什么来测量。你要站在客户的角度，深刻地理解客户每天所面临的挑战与机遇。

要做好准备，可能会有一些真正的意外。例如，我们的一个绩效顾问被分配去与一位生产安全总监面谈，这位绩效顾问并不认识他，因为他不是她的客户。在准备谈话的时候，绩效顾问试图预计在与负责“生产安全”的人谈话时要讨论什么。设备的使用权限问题？信息系统安全问题？在谈话中，绩效顾问了解到，这位总监负责防止工厂生产的产品被盗。在该机构所运营的一些国家存在着这样一个问题，他们的产品会被拿到黑市上卖。绩效顾问之前并没有考虑到这种情况。通过在一小时里站在客户的立场上思考问题，你能收获很多。

那么，管理这部分谈话有哪些技巧呢？最有效的讨论在性质上都是谈话性的，就像你们两位坐在咖啡馆里，一边享受咖啡一边讨论业务。要在谈话中表现出兴趣而又不显得是在质问管理者。让你天生的好奇心促使你去问诸如此类的问题：“为什么那样做很重要？”“你如何战胜这个挑战？”“还有什么是我应该知道的吗？”我们发现，按照自然、逻辑的方式进行的谈话会产生最多的信息。下面是在主动讨论中使用的启动问题列表，每个问题都表明在目标-现状-原因逻辑内提问的具体目的。

**主动讨论的启动问题列表**

1. 你和你的业务部门在未来12个月的主要业务目标是什么？（目标问题）
2. 为什么这在此期间是个重要目标？这个目标背后的推动因素是什么？（原因问题）
3. a. 你们用什么指标来测量这个目标？与这些测量相关的目标有哪些？（目标问题）

b．与这些测量相关的当前结果是什么？（现状问题）

4．你用什么战略来实现这个目标？ （解决方案以及可能的原因问题）

5．组织外部有哪些因素会阻碍目标的实现？组织外部有哪些因素会促进成功？（原因问题）

6．组织内部有哪些因素会阻碍目标的实现？组织内部有哪些因素会促进成功？（原因问题）

7．在你的业务部门，哪些员工群体将在他们的日常表现中对这个目标的实现做最直接的贡献？（转到绩效上）

8．a．考虑到你面临的业务目标和挑战，这个业务部门的员工必须在哪些方面做得更多、更好或不同以支持这个目标呢？（目标问题）

b．当前是否有员工取得了期望的结果？如果是，他们在哪些方面做得不同？（目标问题）

9．现在员工在他们的日常工作中一般都是怎么做的？员工现在通常做的和你需要他们做的有什么大的差距吗？（现状问题）

10．如果有障碍的话，是什么阻碍员工按照你需要他们做的那样去做？（原因问题）

启动问题通常能够产生一些信息，这些信息可以通过更多的问题进一步探究，从而让你们更深入地讨论具体的事项。在谈话开始的时候要问业务问题，然后进入其他方面，从那里开始探索。

即使这种讨论是非正式的，你也可以选择深入讨论一些事项。寻找机会来增强客户对可能影响员工绩效并最终影响业务目标实现的因素的意识。你可以针对一些你希望客户更详细检查的具体因素问探究性的问题。例如，组织的系统和过程是如何支持员工的？明星员工用什么做法让他们可以一直实现他们的目标？你的主要目的是提高意识而不是在一个项目上签合同。

这种讨论在许多情况下对你和客户来说都是富有吸引力的。客户通常在他们对员工做法的期望上泛泛而谈。这在此时并不是一个问题，除非缺乏具体的员工做法是实现目标的障碍。我们发现，客户也很重视这种可以退一步来审视他们的目标以及为实现目标需要做什么的机会。当这种讨论结束时，管理者们经常会说“你的问题帮助我认真思考如何向他人描述这些战略”，或者“这次讨论揭开了我们的团队需要更注意的几个问题”。用于讨论业务问题的时间对客户和你都是宝贵的。

### 结束讨论

在60~90分钟之后，你们已经讨论了一两个业务目标。你现在已经可以结束讨论了。可以用五种方法来结束。

1. 总结你了解到了什么。你需要一个简洁而清晰的总结，肯定你已经听到并确实理解客户所说的。
2. 确认是否识别了可能的项目。提到被识别为可能的合作机会的情况。确定客户是否仍愿意你在该领域支持他，并确定即将开始工作的下一步；很可能下一步将是与客户开会来定义该项目的目的和过程。
3. 就以后的会议达成一致。确认及时了解最新业务情况的价值。判断是否可能定期来进行这种讨论——可能每季度一次。你要通过主动的业务讨论，成为与客户进行的持续对话的一部分。
4. 决定为加深业务知识要采取的行动。当人力资源或学习合作伙伴对学习“业务的业务”表现出真诚的兴趣时，客户会欣赏的。主动讨论结束的时候是寻求客户在你如何能够更了解业务上的建议的恰当时机。客户可能会提出这样的建议：“我将把我的互联网收藏夹里的网站发送给你。我建议你定期看一看这些网站"，或者"我想你会认为几小时的跟踪观察一些人的工作很有价值。让我把这些人的名单发给你"。本质上来说，你是在请客户担任你的教练，让你更了解该业务。

5. 判断客户是否还有问题。主动讨论经常会产生更多客户想讨论的问题。这也是澄清客户与你对更具战略性的合作的期望的一个恰当时机。现在你就在建立合作伙伴关系了。

### 会议成功的信号

你如何判断与客户进行的主动业务目标讨论是成功的？一种选择是直接看客户对这个过程的反应。下面是我们找的其他一些成功的信号：

- 客户在谈话中有多投入？ 当你问一些引人深思的问题时，客户是否表现出希望更详细讨论的兴趣？你是否发现客户在谈话中变得越来越投入？这些是客户重视谈话的信号。
- 客户在业务目标、活动和挑战上分享了多少信息？客户有多深入地讨论各员工群体必须实现以支持业务目标的结果？客户是否提供了关于难以实现的具体目标的深度信息？
- 当你建议安排以后的会议时，客户有多欢迎每季度或每半年一次的这种讨论？
- 当然，如果你和客户讨论了一个他需要你帮助的战略性项目，那无疑是一个成功的信号。虽然这不是讨论的主要目的，但如果发生了，这无疑是一个很好的结果。

## 如何进行主动讨论

安德鲁是一家大型家居改善产品公司的绩效改进经理。这家公司总部位于美国，有几百家零售店遍布北美。它也开始在其他国家开店，主要是在亚太地区。安德鲁的客户之一是家电部门的生产副总裁。这位副总裁负责决定要销售的家电以及它们如何在店里展示。他还负责这条产品线的营业收入和利润。

安德鲁所在的学习与发展部门有一个惯例，即每年为所有关键客户制定业务支持计划。这些计划要求绩效改进经理在每年最后一个季度里见他们的客户，进行主动业务讨论。讨论的关注点是深入了解未来一年的目标，以及决定是否有任何学习与发展的支持能促进这些目标的实现。

在见那位副总裁时，安德鲁在谈话开始的时候首先认知去年年底发起的一项业务战略：为客户提供“非凡的体验”。接着安德鲁请副总裁识别家电业务未来一年的关键目标及这些目标与此项战略的联系。谈话识别了一些目标，包括：

1. 提高家电部门的拉客率。拉客率指的是对某个产品目录顾客在具体零售店进行购买的百分比。目前该组织的拉客率没有达到目标，也比主要的竞争对手低。
2. 提高购买率，指到家电部并购买了家电的顾客的百分比。
3. 提高新员工的销售额。现在，新员工大概需要三年时间才能达到他们最高的销售额。目标是要缩短这个时间。

安德鲁将这些目标分解开并逐一讨论。他询问了用于测量每个目标的运营指标，确定了当前的结果和期望的结果。他还问问题来了解组织内外有哪些因素将阻碍目标的实现。在讨论这些问题时，客户都能提供充分的信息。然后安德鲁转而讨论为了实现目标销售助理及其经理需要的绩效。安德鲁问了这样的问题："销售助理需要在哪些地方做得更多、更好或不同，才能提供非凡的体验，让顾客购买？""如果新员工要更快达到他们的最佳销售额，他们需要在什么地方做得不同？"副总裁并不确定答案——而且对取得答案感兴趣。

### 下一步

谈话的结果是，安德鲁和客户达成一致，让安德鲁去参观选中的一些零售店的家电部，并访谈一些员工及其经理。他可以观察员工与顾客的交互。他还将观察产品是如何被购买的，以及哪些标签和宣传手册被展示了。然后安德鲁将他的观察告诉了副总裁。

### 结果

他们识别了安德鲁及学习与发展部门要支持的几个项目。这些项目形成了业务支持计划的基础，指导了学习与发展部门未来一年在家电部的工作。副总裁表示，他感到安德鲁是一个"可以信任的合作伙伴"，并邀请他参加副总裁的员工会议，这样安德鲁可以及时了解业务问题、机遇和挑战。

显然，用客户的业务目标作为学习与发展部门的计划及它将如何提供支持的基础，这是一个最佳做法！

## 本章要点

1. 在主动讨论中，你主动联系客户，明确表达要讨论客户的业务机遇与挑战。至少，你将提高对客户情况的了解；最好的情况是，你将发现一个可以合作的战略机会。

2. 有许多种情况可以发起主动讨论，包括当你被分配去支持新客户或当客户有一个燃烧的平台而需要马上采取行动的时候。

3. 有效的主动讨论取决于问有力的、支持目标-现状-原因逻辑的问题。澄清业务目标（做什么）和业务战略（如何做）之间的区别非常重要，能够确保你在谈话开始时就专注业务目标。

4. 准备是成功的关键。在见客户之前要加深你对客户所在组织的了解。

## 下 载

这里列出了支持本章内容的工具。工具可以从 Berrett-Koehler 网站购买和下载。下载指南请见第 238 页。

- **主动业务目标谈话的准备清单**
- **主动业务目标谈话模板**

# 第 2 阶段

# 评估业务和绩效需求

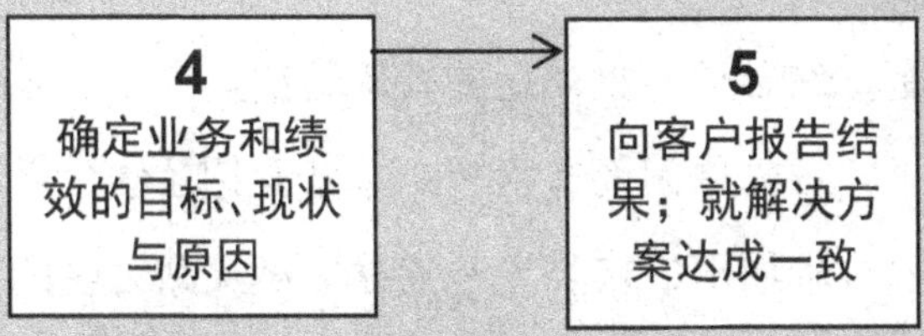

本书的这部分包括以下三章。

**第 6 章　定义目标**

对成功的绩效咨询项目来说，识别业务目标与在特定项目上识别绩效和组织要求同等重要。一旦你确定了业务结果，下一步就是通过回答两个问题来识别人力绩效的目标：第一，如果期望的业务结果能够实现，人们必须在哪些方面做得更多、更好和不同？第二，为实现期望的业务结果，组织需要提供哪些支持？本章提供技巧和流程来回答这两个问题。

**第 7 章　评估现状**

当确定了期望的业务和绩效结果后，接下来确定现状。本章教你如何识别业务和绩效差距。

**第 8 章　识别原因和选择解决方案**

一旦确定了差距，你必须寻找差距的根本原因。成功绩效咨询的关键在于你和客户关注寻找根本原因而非症状。本章介绍了绩效差距的根本原因并提供了如何寻找根本原因的技巧，也描述了经实践证明的目标、现状和原因数据的解释和报告。本章同样包含了恰当解决方案的选择指南。

# 第 6 章

# 定义“目标”

“以终为始。”

——史蒂芬·柯维（Stephen Covey）

你肯定听过这样的说法：“如果你不知道你要去哪里，那么你可以随波逐流。”作为绩效顾问，你要保证你和你的客户知道你们要去哪里。具体来讲，你要确定三个目标：

- 要求的业务结果。
- 支持这些业务结果的人的绩效。
- 人们为达到绩效要求而需要的组织系统。

下面我们将从讨论如何识别企业的这些目标开始。

## 定义业务目标

因为员工绩效应支持期望的业务结果，所以我们从识别业务目标开始。业务目标是用数字，如百分比或货币价值来测量的运营目标。客户是这种业务信息的主要来源。你不仅要知道这些目标（如提高利润），还要知道用于判断成功与否的数字测量（如将利润提高 3%）。理想的业务目标是用测量来表示的。绩效咨询行动计划要有一个或多个具体的业务目标作为动力，这点的重要性是无论如何强调也不过分的。有了这些目标，才能让客户负起责任并得到客户的支持。如果行动计划及其结果要持续下去，客户的支持就很关键。

但是，如果你的客户对他所寻求的业务结果只有一个模糊的概念呢？思考这个例子：客户寻求你的帮助来“提高我们的品牌在市场中的形象”。但是，客户所用的信息是逸事性的，主要是社交媒体网站上的评论及销售人员从潜在客户那里听到的传闻。当前对此并没有量化的测量。可以对客户提出的一个问题是：“你个人对成功的测量是什么？什么结果将表明这个行动计划以及我们为它所做的投资是值得的？”回答可能是定性的，如“我们将在社交媒体上看到更多正面的评论”。至少，你将有一些可以测量的指标。你也可以在客户回答的基础上继续延伸，与客户商量如何让测量更加量化。例如，为社交媒体网站上正面评论增多的百分比定一个具体的目标。我们曾经参加过客户对目标只有模糊的测量的行动计划。但是，通过讨论，我们确定了相关的测量，客户也决定形成一个数据收集系统来获得关于这个目标的可靠数据。本质上说，这个数据收集系统成了这个行动计划中商定的解决方案中的一个。这里的关键是目标（如提高品牌形象）是客户的。要讨论的是你和客户如何才能知道目标实现与否。

## 定义绩效目标

确定了业务目标以后，接下来就要判断这三个目标评估（见图 6.1）中的哪些适合该行动计划。

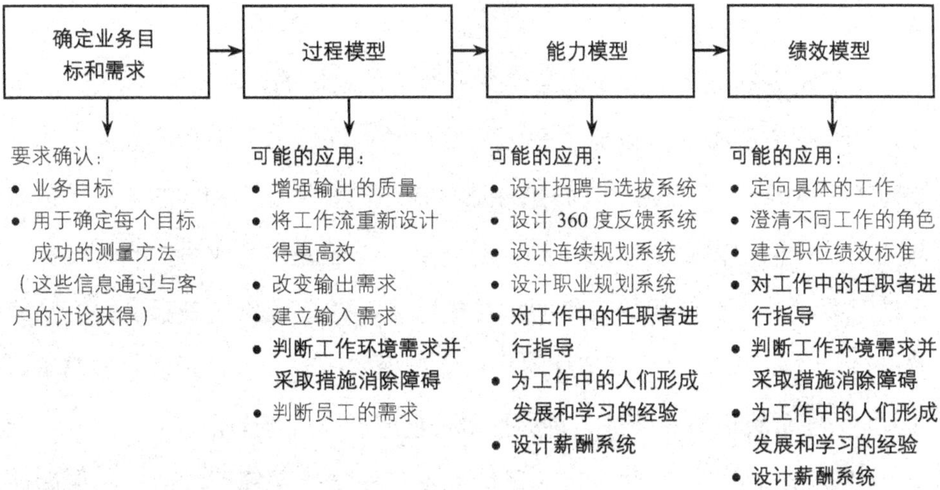


**注：粗体** = 不同模型之间类似的应用。

图 6.1 来自目标评估的应用

过程模型描述为实现业务目标所需要的工作流或程序。本书所围绕的绩效咨询过程，就是一个过程模型的例子。它是人们为取得期望结果而应该执行的步骤流程。在当今组织中，六西格玛这一过程通常会用于重组过程工作流。六西格玛是通过分析当前过程流来设计目标过程的一套经过验证的、规范的分析工具、项目控制方法和报告方法。作为绩效顾问，你可能会被要求加入用六西格玛的项目，这时，你很可能要提供帮助以建立过程模型。

能力模型描述具体角色或工作群体中的人们要成功支持业务目标而需要的技能、知识和特性。人力资源和学习部门的大多数人都熟悉能力模型，因为他们经常用它来设计各种解决方案，如绩效管理系统、招聘系统、连续规划系统及学习课程大纲。

绩效模型描述为实现业务目标具体工作岗位的人们所需要实现的绩效成就。这些模型还描述非常成功的员工用于实现这些目标的具体行为或做法。

要在特定的情况下判断这些模型中哪个是最优的，要求你“以终为始”，这是一个很老的概念，因史蒂芬·柯维在他的许多书包括《高效人士的七个习惯》(1980)而出名。在开始评估之前，你要决定你和你的客户准备如何利用从评估中得到的信息，这点很重要。一旦评估完成后，要采取什么行动？要设计什么应用场景，如指导或选拔？这些应用场景都是数据收集的最终“结局”。获得信息却从不根据信息采取行动，这是对资源的滥用。图6.1列出了我们所讨论的三种模型的一些最佳应用场景。

你会注意到，有一些应用场景可能不只支持一种模型。例如，在设计学习或薪酬计划时，能力模型和绩效模型都能提供有价值的信息。在有些应用场景中则只有一种模型合适。考虑这样一个场景：客户要将一个职位分为两个，以最有利于业务的方式在这两个职位之间分配职责。在这个例子中，能力模型的用途有限。因为这两个新的职位所要求的技能与知识（也就是能力）很可能是类似的，区别并不会明显。虽然过程模型将描述这两个职位必须遵循的工作流和程序，但它不能识别每个职位所要求的具体技巧和实践。几乎可以肯定的是，每个职位上的人实现的成就将是不同的。绩效模型可以识别这些不同的成就以及每个职位上的人所要求的最佳实践。绩效模型可以防止可能发生在担任这两个职位的人之间的职责的重叠或角色的混淆。

有讨论和解释过程模型的文献，这些资源对过程模型的解释比我们在本书中的解释要全面得多。在本章的其余部分，我们将专注于绩效模型和能力模型。

## 绩效模型和能力模型

如前面提到的，绩效模型和能力模型描述的是要实现业务目标而要求的绩效。就像人们在谈话的时候可以用不同的语言一样，我们也可以用不同的“语言”来描述工作中的行为。但是，许多初级绩效顾问会将能力与绩效模型混淆起来。我们自己在开始绩效咨询工作的时候也对这一区别没有把握。有一位朋友向我们提供了帮助，他说：“这样看，绩效模型关注的是具体职位，能力模型关注的是一个角色或工作群体。”他继续说，绩效模型是一种包含经证明为可行的、要在具体职位中成功所需要的实践和技巧的数据库。能力模型描述具体角色，如成功的管理或销售要求人的技能、知识和特性。表 6.1 总结了绩效模型和能力模型之间的区别与相似点。

表 6.1　绩效模型和能力模型的比较

<table>
<tr><th></th><th>绩效模型</th><th>能力模型</th></tr>
<tr><td>目的</td><td>回答“为实现业务目标，必须在哪些方面做得更多、更好或不同”这个问题</td><td>回答“要在给定角色中有效工作需要什么技能、知识和特性”这一问题</td></tr>
<tr><td>模型所关注的人</td><td>识别具体工作中的人的绩效</td><td>识别特定角色（如所有一线主管）的人的能力</td></tr>
<tr><td>来源</td><td colspan="2">能力模型和绩效模型利用同样的来源，包括：<br>• 明星员工（注意：一般来说明星员工不超过目标人数的 5%）<br>• 明星员工的经理<br>• 一般的员工（为了判断哪些行为将明星员工与一般员工区分开来；称为“分开”行为）<br>• 明星员工的直接下属<br>• 客户<br>• 明星员工的客户*<br>• 明星员工的同级<br>• 文献*<br>• 领域专家*</td></tr>
</table>

续表

| | 绩效模型 | 能力模型 |
|---|---|---|
| 来源 | • 内部或外部的标杆<br>• 运营数据 | |
| 方法 | 能力模型和绩效模型使用相同的方法，包括：<br>• 观察<br>• 一对一的面谈<br>• 焦点小组面谈<br>• 工作产品和文档的评审 | |

注：**粗体** = 首选的来源。

* 表示当客户的组织中没有明星员工时用于获得行为信息的可靠来源。

- 每种模型的目的是不同的。在绩效模型中，我们描述的是在职位上成功所需要的绩效成就和工作行为；在能力模型中，我们描述的是成功所需要的知识、技能和特性（在商业行里经常简称为 KSA）。

假设你在客服中心工作。客户满意度评价在降低，客户投诉数量在增多。你的客户希望获得信息来决定如何解决这个业务问题。如果你在开发绩效模型，你的目的陈述可以是“识别当前客户满意度评价良好的客服代表的成就及做法”。

但是，如果你是用能力模型，对于同一情况，你的目的陈述是识别客服代表要有效为顾客服务所需要的 KSA。

- 每种模型关注的人也不同。绩效模型定义具体职位（如设计工程师或团队带头人）上的人的绩效。虽然也可以为具体职位建立一个能力模型，但更经常的是为跨职位的人创建能力模型，如一个组织中所有的一线主管，无论是哪个职能的。
- 两种模型的来源和方法是相同的。这两种模型的一个正面特点是用于获取所需信息的方法是一样的。所以，从同一数据集中是有可能建立绩效模型和能力模型的。

两个表的一个真正区别是如何记录结果。我们在表 6.2（绩效模型）和 6.3（能力模型）中分别为每种模型举了一个例子。前面提到过，绩效模型描述个人可用于取得工作成就的做法，因此数据是按成就来组织的。能力模型描述的是为使工作成功而需要的能力，因此，信息是按能力来组织的，通常提供每种能力的行为示例。总结一下，虽然绩效模型和能力模型的数据收集过程是类似的，但数据组织的方式和潜在的应用是不同的。

**表 6.2 质量控制代表（QCR）的绩效模型**

下面显示质量控制代表需要完成的成就：

| 成　就 | 做法示例 |
|---|---|
| 通过控制来确保和证明可预计的质量 | • 在调查不符合规范的结果时，检查采样和测试的准确性<br>• 当结果不符合规范时，与生产团队讨论这一情况<br>• 共同辨认原因并就要采取的措施达成一致<br>• 对关键的质量指标进行趋势分析以分析过程是否还在控制之内 |
| 通过符合规范来确保和证明可预计的质量 | • 每天与生产团队开会讨论是否有任何事情或变化并解决问题<br>• 主动寻找故障的趋势，一旦确定，与生产团队决定要采取的措施<br>• 确保所做的改变符合好的生产做法和公司政策 |

**表 6.3 质量控制代表（QCR）的能力模型**

下面显示质量控制代表需要的能力的一部分：

| 能力及定义 | 做法示例 |
|---|---|
| **分析与问题的评估**<br>从信息库中获得相关的信息并识别关键的问题和关系；识别原因和结果的关系 | • 寻找能识别深层问题或机会的信息<br>• 将不同来源的信息关联起来，得出逻辑性的结论 |

续表

| 能力及定义 | 做法示例 |
| --- | --- |
| **注意细节**<br>通过考虑所有涉及的方面无论巨细来完成任务。对工作的各个方面都表现出关注；在一段时间内保持警惕 | • 检查一个程序的每个步骤的一切细节是否已完成<br>• 准确完成报告、订单和其他文档 |
| **沟通**<br>在向个人和群体传达信息时，要让个人参与，帮助他们理解和记住信息 | • 清楚地提问<br>• 以逻辑的方式表明想法，让听众可以听懂 |

## 收集数据

前面提到过，用于获取绩效模型和能力模型的信息的过程是类似的。让我们更全面地来探索在做这项工作时可用的各种来源和方法。

### 来源

表 6.1 显示了绩效顾问在建立模型时所用的两种主要的数据来源“明星员工和明星员工的经理”。然而，为什么是明星员工？谁是明星员工？简言之，明星员工是目标职位或角色中一直通过日常工作取得优异结果，并且是以组织肯定的方式来做事的个人和团队。即使微软的创始人比尔·盖茨也很重视明星员工的贡献。在 *Exemplary Performance*（Elliott & Folsom, 2013）当中，盖茨说，如果他的公司在初建的那几年里失去了公司表现最优异的前五位员工，微软就永远也不会成为今天这样的公司。

大量的调查研究肯定了从明星员工获取信息的价值。其中的一个就是麦肯锡季报调研“The Way for Talent, Part 2”，该调研承认明星员工的绩效与一般员工的绩效之间有 45%～75%的区别（Stolovitch，2006）。欧洲一家跨国机构进行了一项关于分析师绩效的调研，发现一般的分析师每完成一个项目，优秀的分析师就能完成三个项目。而且，绩效质量没有显著的区别（Stolotitch，2006）。部门的前 10%的员工产生 30%～50%的收入是很普遍的（Elloitt & Folsom，2013）。

实际上，明星销售团队与比较一般的销售团队所产生的结果相比的区别可以说是非常大的。销售执行委员会进行的一项研究发现，业绩好的销售团队的产出量比一般的销售团队超过 180%（Elloitt & Folsom，2013）。这难道不会让你想要找到“这些业绩好的团队在哪些方面做得更多、更好或不同”这个问题的答案吗?

能够向明星员工学习，是一件多么好的事情和特权！我们想起了一个场景。有一个销售组织决定在战略上更专注于跨国客户。以前，这些客户是由地理位置上最近的客户经理来为他们服务。所以就创建了全球客户经理这一职位来安排全球客户的战略和战术。其目标是更快地发展客户，三年从客户处获得的收入至少翻一番。

显然，担任全球客户经理角色的人对这一行动计划的成败至关重要。为了确保成功，该组织从外面招聘了一些曾成功担任过该角色的人。因为这些新的全球客户经理曾经在他们之前所在的组织内对业务结果有显著的贡献，所以高层领导希望识别他们用过的做法。然后将这些做法与组织内部被提拔为全球客户经理的人分享。为了获得这些信息，我们深入地访谈了这些明星员工。在这些谈话当中，有个明星全球客户经理指出，当她“将她的客户变为她的教练”时，她在之前的那家公司取得了成功。当她这样说时，显然这是一个关键的行为——我们之前提到过的那些“区分”做法之一。接下来就会有一系列问题：她如何取得客户的这种教练支持？她以这种方式与客户合作对客户有什么益处？客户经理受到的指导重点在哪些方面？当她的客户也作为教练时，他们遇到了什么问题或潜在的伦理性挑战，她与客户又如何克服这些挑战？结果是有一系列做法都可以为担任全球客户经理角色的人所用。这样就缩短了学习曲线，因为个人不需要通过很长时间的一系列试错来学习。

作为绩效顾问，你的目标是要识别区分做法。什么是明星员工做的而一般员工没有做的？应该有许多做法是明星员工和一般员工都表现出来的。但是，区别是什么呢？一旦识别了这些区分做法，目标就是要引进一个过程，让更多的员工采用这些做法。随着越来越多的人采用这些做法，业务结果的差距就会被消除。

关于明星员工还有一点要注意：在识别明星员工的时候要根据标准，这点很重要。这么做会避免将可能没有取得期望业务和绩效结果但因别的原因受管理层器重的人也包括进来。下面是常用的标准。

- 实现操作或业务结果。我们要寻找的是实现了被客户识别为重要的操作（可量化的）结果。只有这样我们才能知道他们所描述的做法是最佳的做法——我们知道这些做法对于实现业务结果是有效的。
- 实现定性的结果。明星员工之所以优异，很少仅仅因为他们在操作上取得的结果，他们如何完成工作也是很重要的。如果员工实现了结果但在这个过程中疏远了其他员工，他就不是明星员工。谁在团队合作中能实现结果？哪个领导者在实现业务结果的同时还培养和激励其他人？在选择要作为明星员工进行访谈的人时，要识别对这个职位重要的那些定性结果和过程。用这些结果和过程作为选择标准来选择要访谈的明星员工。
- 任职时间长短。一个人可能很好，但除非他在这个职位上已经工作了一段合理的时间，否则很难判断这个人是不是明星员工。我们一般建议至少是一年，因为我们喜欢看到经过一段时间以后绩效一致的明星员工。但是，这个时间要求可以根据不同的情况而改变。我们有一次签订了一个合同，为一个职位形成能力模型。在这个职位上的人们通常只工作一年就换到另一个职位，这种情况下所用的时间要求降为了六个月。

在我们的经验中，特定职位上的人大约有5%有资格作为明星员工。这代表着一小部分经过甄选的人。如果一个团队没有包含任何明星员工，或者一个组太小以至于明星员工的人数只有一两个呢？那么你就应该利用来自内外部的基准数据。你的组织中是否有部门或团队有类似的工作和职责？如果有，那个团队可能有你可以获得信息的明星员工。在当今竞争激烈的市场中，在组织之外寻求一流做法也是宝贵的战略。

我们已经讨论了明星员工以及他们为什么在建立绩效模型或能力模型时如此重要。现在我们要解释为什么这些人的经理也是关键，原因有五个。

- 明星员工，与我们所有人一样，都用无意识的能力来运作。很多事情他们无需思考就做了。这意味着，在面谈中，明星员工可能并不会描述他们所用的所有做法。他们的经理可以填补从明星员工获取的信息空缺。
- 经理可以确认我们从明星员工身上了解到的信息，指明做法对结果达成的价值。得到两个不同来源都支持的信息是非常可靠的。
- 经理很可能管理着一般的员工及一个或多个明星员工。因此，经理处于一个能够识别区分做法的位置。明星员工做了什么与其他人不同才取得了结果？
- 经理可能是明星员工表现如此突出的部分原因。经理做了什么来鼓励、支持和强化这些行为？这也是要获取的重要信息。

- 当模型完成时，接下来要转到实施战略上。模型所面向的员工的经理们将是关键的利益相关方，影响战略的成功与否。通过在数据收集阶段将一些经理包括进来，你就开始了让经理们为模型所包含的做法做出承诺和承担责任的过程。

虽然明星员工及其经理是两个最佳的信息来源，但表 6.1 显示了要考虑的其他来源。你要与你的客户一起决定有哪些其他来源，如果有的额外来源是需要的，每个额外的来源都将使你获得的信息更丰富，但也会增加项目的时间。如果你是在销售的场景中工作，从客户那里获得信息可能是最有帮助的。如果是在为领导者形成模型，那从其下属那里获得信息是有价值的。但是，每个选择都需要更多时间来完成，而且可能增加成本，如果涉及出差或其他开销的话。要确保从额外来源得到的价值胜过获取信息的成本。

## 方法

在建立模型时有四种收集信息的方法，包括：

- 一对一的面谈是最常用的。它提供了个人可以坦诚、自由发言的安全环境。它也提供了一个提问的机会，可以更深入地探究明星员工的回答。
- 焦点小组面谈是一种节省时间的方法，可以从几个人那里获取信息。小组的多样化可以丰富获取到的信息，因为参与者可以在彼此的想法和评论上进行讨论。
- 观察提供了一个机会，可以获取关于市场动态包括挑战和推动力量的第一手信息。这通常用来补充面谈得到的数据。

- 文档审查通常可以提供补充逸事信息的确凿数据。

### 定义组织目标

第三个目标是定义让人们达到绩效要求而必须有的组织支持。在第 8 章中，我们提供了深入的方法用于设计原因分析，它特别适合决定组织和个人能力需求的评估。简言之，在从明星员工、一般员工和经理那里获取信息时，你要问关于组织现在存在的障碍和推动力量的问题。在问什么支持他们的工作、什么妨碍他们的工作时，明星员工是很好的信息来源。你可能会揭开明星员工用于绕过组织障碍的方法。这些方法是应该鼓励其他人采用的做法吗？又或者应该消除障碍？当你获取原因数据作为你的目标分析的一部分时，你和客户将有机会进行这类决策。第 8 章的内容将帮助你设计这一评估。

## 从明星员工那里获取信息

与员工面谈的挑战在于要问能促使明星员工解释他们做了什么来实现结果的问题，因为他们做的很多事情都是处于无意识的能力层面，所以要深入讨论，这点很重要。例如，如果一位明星员工指出她在建立良好的客户关系时用到的一种做法是“与客户建立信任”，你就要通过问诸如这样的问题来深入探讨：“你采用什么做法来与客户建立信任？”建立信任而没有澄清做法，这太含糊，没有帮助。

在与明星员工面谈之前，事先将要准备的前期工作发给员工，这样能促进谈话。在前期工作中，你要说清你将在谈话中讨论的业务需求（如增加营业收入）及绩效成就（如按时及在预算之内管理项目）。可以让员工写下他们为完成每个专注的业务需求和成就所采取的一些行动（他们所用的做法）。明星员工的这类准备将促使谈话节奏更快、更丰富。

几年以来，我们发现了绩效顾问用作“启动问题”来管理与明星员工的成功谈话的六个问题。启动问题指的是每个让你进入特定专注领域的事实；根据明星员工的回答，你再问其他更专注于内容的问题，如上一个例子中关于信任的问题。

问明星员工的启动问题列表

**1．在这次的讨论中，我想要先讨论____________这个业务目标（或成就）。**

开始与明星员工的谈话时要先明确声明你们将要讨论的具体业务结果或绩效成就。你的目标是要让明星员工描述他们用于实现业务结果或绩效成就的做法。如果你在面谈中要专注的不只一个结果，那就分开讨论每个结果。因为通常会讨论多个结果，所以与明星员工的面谈可能需要两三个小时。

**2．我希望了解你具体做了什么来实现这个结果。请向我描述你用于实现这个结果的步骤和措施。**

这个问题用于识别明星员工用于实现结果的措施、步骤、决策和分析。这个问题以一种宽泛的方式开始。例如，“请向我描述你为实现期望的营收目标所采取的步骤和措施”或“请描述你为确保员工有能力达到你期望的表现所采取的措施”。但这只是开始！一旦你开始获得内容，你要更深入地探讨。记住，你的目标是帮助明星员工讨论他们（很可能）在无意识中所采取的措施。你如何让明星员工意识到这些行为并讨论它们？

下面是我们所发现的用来管理谈话的这个部分的一些方法：

- 通过让明星员工描述首先做什么、接着做什么等，将谈话组织成某种序列。当谈话所专注的结果包含了一个过程如项目管理时，这种方法很有效。
- 问明星员工他们所遇到的问题。例如，他们在实现结果的过程中是否出过什么错？然后判断明星员工做了什么来克服这些困难。
- 探究分析性的行为，如做过的决策和解决过的问题。识别这些行为及用于判断为什么应该用这些行为的原因。

**3. 你是否有一些希望采取的步骤或措施来支持这个结果但目前没有这样做？如果有，请描述它们。**

明星员工是识别可采取的增值行动的优异来源。这个问题让模型尽可能成为及该成为的真正绩效描述。明星员工通常尝试过用创新性的方法来实现结果，或者他们可能有一些行动的想法但在目前还没有用。通常有一个或多个组织障碍阻止他们采取这些做法。你要获取这些信息，与客户分享；然后才能采取可能的解决方案来消除所识别的障碍。

**4. 你如何知道你已经以一种出色的方式实现了这个结果？你用什么标准来判断已成功实现结果？**

通过这个问题，你寻求识别员工个人用于判断成功与否的定量（基于数字）和定性（逸事性及行为上）的标准。为什么识别两种标准都很重要？在最佳情况下，一个职位是使用两种标准来测量的。定量标准提供一个对过程的回忆性的观点（如达到或超过了第一阶段的收入目标），定性标准提供期望的未来成功程度（客户认可他们所受到的支持的价值）。我们要将两种标准都包含在一个模型里。

**5．在你实现这个结果的过程中，你是否遇到组织内的什么障碍？**

这时候你要判断绩效上的组织障碍甚至能力障碍。你在寻找不支持成功的因素。组织中的领域专家是否提供充分的支持？数据库是否过时了？在取得成功所需的技能和知识上是否存在差距？你的目标是要识别在组织及人的能力上妨碍成功的所有因素。

**6．在你实现这个结果的过程中，你的组织内有哪些因素支持你？**

你还要识别你所面谈的明星员工使用的支持最佳实践的组织因素。客户通常不清楚为支持和维持一个新的最佳实践需要哪些组织因素。当这些因素被识别时，客户就能安置它们并且在需要的情况下扩展它们，让更多人从这些因素中受益。可能你了解到现在组织支持某个部门帮助人们实现目标，但这一支持还没有在所有的部门实施。认识到这些因素的价值可能会促使领导者在整个组织中实施它们。

## 建立绩效模型：如何做

几年前，有一家大型电气公共事业公司发现自己处于竞争激烈的挑战性处境。这家公司为美国东部的城市和农村地区提供服务。因为该行业在前一段时间已经解除管制，其他的电力供应商逐渐成为强有力的竞争对手。管理层识别到，这种处境需要他们立即关注。他们的主要目标是在激烈的竞争和不断变化的市场中维持市场份额。在一系列战略规划会议之后，管理层将客户服务确定为在市场上有竞争力的一个区分标志。他们的目标是要一直提供卓越的服务。过去两年的客户调查表明，该公司的客户满意度在下降。客户最不满意的方面之一是客户与客服代表之间的交互。因此，管理层决定让客服代表这一职位专注于客户服务战略。

### 评估过程

为了实现这个战略，该公司成立了几个项目团队分别致力于这个战略的多个方面。其中的一个团队的任务是形成客服代表职位的绩效模型。公司三个客服中心有600名客服代表和45名客服主管。来自组织发展部门的一名绩效顾问担任了这个团队的项目带头人。他们的目标是要得到这两个问题的答案。

- 如果客服代表要提供卓越的客户服务，他们必须在哪些方面做得更多、更好或不同？
- 为确保实现这种水平的服务，需要有什么组织支持？

这个任务小组首先审查了公司内部和客服中心的文档。他们还审查了最近三年来其他客服中心调研的在线文献。这为团队成员提供了关于客户期望、客服中心程序和客服代表做法的基本数据。另外，经过对内部客服中心文档的审查发现，在三个客服中心中，每个都有一些客服代表在卓越客户服务的三个目标上取得了积极的结果。这些表现优秀的客服代表：

- 确保了客户对服务质量满意。
- 控制每次服务的时间以便提高服务率。
- 支持客服中心的同事。

这些客服代表被识别为明星员工，成了判断最佳实践的主要数据来源。有一个有趣的事实，即这些客服代表超过一半都是在同一个客服中心。

绩效顾问和他的项目团队制定了下列计划。

**信息来源**

- 大约识别了 25 名客服代表为明星员工。这些人超过一半都来自一个客服中心，其余的分布于另外两个中心。
- 明星客户代表的主管。只需要 12 次面谈，因为通常同一个主管手下有不止一个明星客服代表。

**数据收集方法**

- 与客服代表及其主管进行了面对面的访谈或电话访谈。客服代表访谈大约需要 90 分钟，与主管的访谈需要 45 分钟。
- 另外，一些项目团队成员听了明星客服代表与客户的对话。通常时间是 30 分钟或以下。

来自客服代表及其主管的数据，与之前从文献阅读和其他文档获得的信息整合在一起。然后草拟了一个绩效模型，包括为实现期望绩效所需要的最佳实践及组织能力因素。

**结果**

这位绩效顾问及其团队与高层管理客户开了会并审核了草拟的绩效模型。下面内容摘自该模型。

**确保客户对服务质量满意的最佳实践：**

1. 获取为识别客户具体问题或需求所需要的信息。
2. 为决定如何回应，要注意听客户用的词汇和语调，判断他们的情绪。
3. 问问题来判断客户所提问题的根本原因。
4. 决定能采取与不能采取的措施。
5. 向客户解释清楚能采取和不能采取的措施及其原因。
6. 为了识别有效地做了什么，以及为了确定将来提高服务可以在哪些方面改进，反省本次客户服务并想想它是如何管理的。

**充分利用客户服务时间的最佳实践：**

1. 保持对谈话的控制，在必要的时候将谈话重新引导回到服务的目的上。
2. 组织好信息，使之容易找到。
3. 研制出可替代的方法来完成跟进工作，减少“尚未准备好的时间”。

**支持客服中心同事的最佳实践：**

1. 与其他客服代表分享关于如何使用系统的窍门。
2. 向主管提出如何改进工作过程的建议。
3. 在将电话服务转到另一个人那里去的时候，向接电话服务的人提供相关的信息。

另外，团队还识别了一些组织能力因素。例如，客服中心所用的员工模型有一些问题，如电话量太大，客服代表人手不够。关于客服代表在两个互相矛盾的要求上应该如何做也有一些困惑：提供高质量的客户服务和速度要快，以便腾出客服代表来接另一个电话。另外，客服代表的主管可以通过他们提供的反馈和指导实质性地影响绩效。这一支持的具体做法也被识别出来了。

## 后续计划

在会议上，管理层团队审核了这个模型。会上对它做了一些修改和改进，但模型的大部分都被接受了。这个产品有很高的“所有权”，因为它是从公司内部实现结果的人那里得来的。会上形成了一个实施计划去沟通该模型和解决组织障碍。接着这个计划被整合到包含绩效模型的更大的、整体的行动计划中。他们请绩效顾问继续参加实施阶段的工作，这提供了一个机会，让绩效顾问在行动计划从头到尾的过程中担任不可或缺的角色。

**形成绩效模型或能力模型的捷径**

1. 避免将评估项目的范围扩大到超出你与客户达成一致的范围之外；换言之，避免范围蔓延。对你要建立的模型要有具体、明确的目的。
2. 改变你组织内外其他人所做的研究的目的。如果你要建立领导力模型，那就到互联网或出版的书籍中去找，这些都可以提供许多关于领导者的经过验证的有效做法的宝贵信息。如果你是要为组织中一个部门的销售职位建立模型，那就要看看组织中其他部门可能已经做了什么，然后在这些信息的基础上来建立，而不是从零开始。
3. 如果时间紧迫，那就用支持时间效率的数据收集方法。8个人的焦点小组需要的时间比逐一与8个人面谈需要的时间少。在电话上进行一对一的谈话需要的时间比到现场进行面对面的谈话需要的时间少。观察很可能并不是一个可以考虑的选项，因为观察一个人通常需要几小时。
4. 如果明星员工位于几个不同的地理位置，那就利用通信技术来进行访谈。避免花时间分别到几个地方去进行面谈。视频会议和电话访谈也可以。
5. 将数据来源限制在这两个上：明星员工及其经理。每当增加一个数据来源，你就要增加时间去获取和分析信息。只有当第三个来源可以提供主要来源提供不了的信息时，才增加这个来源。
6. 在访谈之前请明星员工列出要讨论的、他们用于实现结果的一些做法。明星员工几乎总是及时完成准备工作，加速访谈过程。

让别人也参与进来，帮助收集数据。如果要进行 20 次访谈，有 4 个人来做，每个人做 5 次访谈，那就能大大缩短最终提供文档给客户的时间。只要保证每个做访谈的人都以一致的方式提问和获取数据。

## 本章要点

1. 目标评估是用于决定为支持要求的绩效所需的业务、绩效和组织的期望状态。

2. 关注员工绩效的目标评估最常见的输出是过程模型、能力模型和绩效模型。

3. 为了判断那种情况用哪个模型最合适，要和客户弄清信息将如何使用。信息的应用将决定用哪个模型最好。

4. 在建立模型时明星员工是重要的信息来源。明星员工是通过日常操作取得优异结果的个人或团队。

5. 用于获取绩效模型和能力模型所用的方法和来源是相同的，区别在于信息获取之后如何组织。

## 下 载

这里列出了支持本章内容的工具。工具可以从 Berrett-Koehler 网站购买和下载。下载指南请见第 238 页。

- 明星员工访谈的准备工作
- 要问明星员工的启动问题列表
- 管理明星员工访谈的技巧
- 比较绩效模型与能力模型

# 第 7 章

# 评估现状

“你的问题其实就是要缩小现状与目标之间的差距。”

——厄尔·南丁格尔（Earl Nightingale）

这句格言包含着许多智慧。作为绩效顾问，我们要与客户形成合作伙伴关系，缩小业务结果和绩效结果上的差距。但是为了缩小差距，我们首先必须识别差距。从目标制定开始，第 6 章提供了这类评估的方法。我们可以将目标结果看作“终点线”——实际上有两条终点线：一条是业务结果，另一条是对业务目标的成功做出直接贡献的人的绩效。一旦我们确定了这两条终点线，就可以判断业务结果和绩效结果的现状。

## 业务现状

我们需要识别的第一个差距是业务上的差距，所以先从业务开始。好在这类分析通常相对简单，考虑到你和客户已经识别了业务目标和与之相关的量化指标，现在要做的就是决定每个业务目标的当前运营结果。你的客户和组织运营数据将是你的数据来源。如果你的目标是让 90%的客户对服务满意度评价为“优秀”或“良好”，那当前的比例是多少？如果你今年的目标是特定一条产品线要达到80万美元的营收，那么这条产品线今年当前产生的营收是多少？

虽然业务现状的信息可以直接获得，但在获取这类信息时也需要考虑一些特殊情况。例如，如果你要推出一个当前还没有营收的新产品，那么这个产品推出后制定的第一年营收目标就是本业务目标，推出时的营收现状是“0”。当然，我们希望在推出之后营收会快速增长。还有另外一种情形，即没有任何对该业务目标的测量。在第6章中，我们讨论了当客户有目标（如增加社交媒体上的正面评论）但缺乏对目标的测量时，应该怎么办。我们在前面提到过，这时与客户一起预测成功的情形就变得尤为重要。你的客户是如何描述成功的？即使不用数字测量，你也要与客户就用什么作为测量来定义当前状态达成一致意见。

下面是一个我们曾经遇到此类情况的一个例子。一家大型银行在实施一个针对经理和主管指导过程的项目，旨在提高当前没有测量的几个指标。其中一个是“改善客户关系”。客户同意用一个评价系统“满分为5分”来判断，直到指导解决方案结束，以此来衡量客户关系改善的程度。在行动计划之前获取了信息，在实施指导解决方案之前也获取了数据，然后将目标和现状数据进行比较。虽然这不是理想的运作测量，但得到了那些认为该结果重要的客户的支持。

最重要的一点：运营数据要可靠、被客户接受，只能从客户及其组织内部的人那里获得。如果当前没有测量，那么与客户一起定义测量，客户将会接受并重视。

## 绩效现状

一旦制定员工群体的目标绩效模型，绩效顾问通常就会被要求描述个人的实际绩效。通过将当前的绩效与模型中的目标绩效进行比较，我们能够确定有关绩效差距的细节。相应地，如果能力模型已经形成，需要绩效顾问识别“目标能力”和“实际所用能力”之间的差距。这些评估都叫作“差距分析”。绩效差距分析的目的，是要确定团队中员工的当前工作方式和方法与他们应该采取的工作方式和方法（最佳实践）之间的差距。差距分析是要确定哪些具体的工作方式和方法有差距（与最佳实践相比），以及差距有多大。一个团队中的大多数人都在采用一些最佳实践。我们的经验是通常有80%~85%的最佳实践已经被应用。当然，如果团队中有新进的人员或引进了新的流程，那么当前被使用的最佳实践的百分比可能就会低得多。

参考以上数据，可能总共只有15%~20%的工作方式和方法可以将优秀员工和普通员工进行区分。但是，这些具体的工作方式和做法是哪些？差距分析可以回答这个问题。当然，只改变20%的工作方式和做法比试图改变所有工作方式和做法要可控得多。花在获取数据以定义具体差距上的时间能够带来许多回报，因为最终的解决方案将面向它们能够发挥最大效益的地方。

在绩效差距分析中最好要关注这两类数据。

- 频率：团队中的成员是否在工作上经常应用最佳实践？频率是绩效的一种量化的或数字化的测量。

- 技能：团队成员在将最佳实践应用于工作中时有多熟练？这是表明工作群体成员实际表现出的实践能力水平的一种量化的测量。本质上，这是对人们按要求操作的能力的测量。

当我们将这两个元素“频率和技能”结合起来的时候，我们发现有四种可能选项（见图 7.1）。

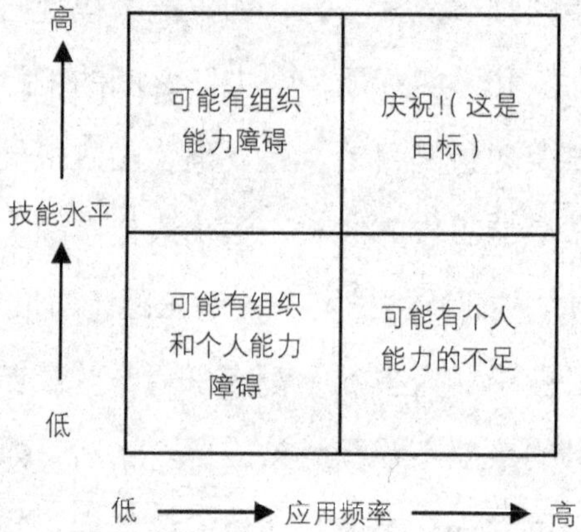


图 7.1 技能与频率矩阵

- 高频率、高技能。目标是要让员工经常、熟练地应用这些最佳实践，可用右上角的象限来表示。对于处于第一象限的最佳实践，我们应该感到欣喜。我们还需要确保管理层继续强化对这些最佳实践的应用。
- 高频率、低技能。在这种情况中，员工缺乏技能，因此需要用能力提升的解决方案来提高他们的技能。虽然可能不符合逻辑，但我们常常会遇到这种情况：缺乏相关技能的员工，需要经常应用某种最佳实践，特别是在人际关系处理和沟通方面。例如，客服代表需要同时处理多件事情，却在服务流程中经常犯很多错误。

- 低频率、低技能。当一项最佳实践在这个象限里，主要是因为存在两个方面的不足。一是员工没有经常应用这些最佳实践，二是员工缺少所需技能。缺乏技能是产生这种情况的影响因素之一，但这不是唯一的影响因素。很多时候有一个或多个组织能力因素抑制了频率。因此，只提升个人能力的解决方案是不足以解决问题的。我们需要看组织能力因素确定是否还有其他因素造成这种结果。
- 低频率、高技能。在这个象限里，员工具备技能但没有按照要求的频率应用这些最佳实践，可能这种对绩效抑制的原因是在组织内部。第 8 章将描述如何获取关于组织能力的数据来支持期望的绩效。只有具备了这一知识，你和客户才能采取恰当的措施。

在这几年的差距分析工作中我们发现，每个工作小组的最佳实践应用情况通常分布在四个象限中。但是，我们可以找到哪些规律呢？大多数最佳实践是在高频率、高技能这一象限吗？还是只有少数是在该象限？是不是大多数都在低能力的象限，意味着需要一些能力提升的解决方案？回答这些问题，将引导你决定原因分析要关注哪里以及如何确定解决方案。

## 数据来源

在考虑绩效现状的数据来源时，你要关注那些实际参加工作且工作表现令人满意但又不异常突出的人。他们有一些关与工作现状有价值且非常可靠的信息来源。这些“有代表性的员工/普通员工”的绩效产出了当前业务结果。如果要改善业务结果，这些人的绩效必须改变。

## 普通员工

在任何工作小组、部门或业务单元的以下三类人员都符合正态分布。

1. 在工作上超出期望结果的卓越/优秀员工。这些人是我们所谓的优秀员工，也是我们在确定目标绩效时要找的人。
2. 新任职或有绩效问题的人。一般这些人在整个团队中的占比很小。
3. 大部分人都是工作能令人满意但没有像优秀员工那样取得突出成绩的人。必须将这些人包括进来，作为数据来源。

在任何组织中“普通员工”都占大多数。你可能没有时间、金钱或资源去获取来自该群体中所有人的信息。你如何决定你的数据收集中要用到哪些人，才能保证结果的准确性和完整性?

如果你从全体成员那里收集数据，你就可以准确地描述“普通员工”到底在做什么，因为他们占全体成员中的大多数。例如，假设一家制造企业的差距分析涉及 46 名轮班主管，你可以发一份问卷调查给这 46 名轮班主管。问卷调查表将让你得到关于这 46 名主管最佳实践的使用频率和技能水平的信息。

将调查问卷发给 46 名轮班主管很容易。但是，如果是 1 000 名轮班主管呢? 要从所有这些人那里获取信息，耗费的成本和时间将会很大。在这种情况下，在总体中进行抽样是一种选择。在进行抽样时，你需要将调查问卷发给随机样本中抽取的主管，为了确保你及客户对问卷调查结果的确信度，需要保证足够高的回复率。那么，需要多少样本? 你可以在网上搜索，找一个能为你提供这个答案的“样本规模表”。要记住，“样本规模表”指明必须回答问卷的人的数量。因此，为了确保满足你的目标抽样规模，你必须考虑预计的回复率。例如，如果你的样本需要 360 份回复而你预计回复率为 50%，那么要管理的问卷调查的数量，就是将 360 这一样本大小除以回答率 0.5，在这个例子中，你需要发调查问卷给 720 人。

## 其他数据来源

你获取的信息要可靠、反映真实的工作情况。如果不可靠的信息被用于决策中，那样对客户来说是帮倒忙，因为金钱和时间将被用在可能过后被证明是不完整甚至错误的解决方案上。提高可靠性的一种方法是从多个来源获得数据。在收集绩效现状数据时，我们建议至少用两个数据来源。除了用一般员工，我们建议你选择有机会直接观察一般员工工作表现的人作为数据来源。如果每个来源只有一个机会观察一些目标实践，那可能就需要三四个数据来源。表 7.1 列出了在一般员工之外可能用到的来源。

表 7.1　设计现状评估

| 目　　的 | 可靠的来源 | 可靠的方法 |
| --- | --- | --- |
| | **回答下列问题** | |
| • 业务目标和实际结果之间的差距是什么 | 对于业务差距<br>• **客户**<br>• 业务文档 | 对于业务差距<br>• 访谈<br>• 文件查阅 |
| • 员工的当前绩效和期望绩效是什么 | 对于绩效差距<br>• **“普通员工”**<br>• “普通员工”的精力<br>• “普通员工”的下属<br>• 客户<br>• “普通员工”的客户<br>• 同事<br>• 运营数据 | 对于绩效差距<br>• 一对一访谈<br>• 焦点小组访谈<br>• 问卷调查<br>• 现场观察<br>• 文件查阅 |

注：粗体 = 要求的来源。

第二个好的数据来源可以是员工的顶头上司。顶头上司对员工当前应用目标工作实践的情况和技能水平有很好的了解。通常，经理自己在与员工类似的职位上工作过——如果当前评估的绩效是技术性的且很复杂，那这是一个很有帮助的元素。另外，经理对职位有全局观，更了解当前和未来的职位需求。

第三个可能的数据来源是内部或外部的客户。记住，客户只能报告他们观察到的那一部分工作。例如，因为无法看到，所以客户不能可靠地报告客服中心的员工为同事提供的支持。同样，如果航空公司的乘客没有观察到航班人员如何控制紧急情况，他们就不能报告这方面的信息。很多时候，在业务过程中产生的文件也可用作数据来源。例如，利用客服中心的电话记录就是一个例子。这些记录为关于这一职位每天都发生了什么的信息提供了一个可靠的来源。在一些情况下（如银行、酒店和便利店）有录像，因此有时候也可以用这类信息。如果员工需要维护手写的或电脑记录的事件日志，这些文件可能作为另一种数据来源。

## 数据收集方法

为绩效分析获取现状数据的五种数据收集方法如表 7.1 所示。数据收集方法包括一对一访谈、焦点小组访谈、问卷调查、现场观察、文件查阅。在决定数据收集方法时，要考虑下列几点：

- 需要的信息类型。你和客户是否需要描述性的数据，这样你才能以叙述性的方式来解释当前的工作行为？可能你更喜欢量化的数据——提供数字信息，如客服代表在与客户讨论时用开放性问题次数的百分比。还是你两者都需要？
- 数据收集对象的小组规模及所在地点。
- 可用于完成与数据收集相关的任务的资源，包括内部资源和外部资源。要记住，访谈和现场观察是很耗费时间的方式。

- 收集数据的成本以及可用的资金。
- 可用于收集数据的时间。

一对一访谈、焦点小组访谈和现场观察最常用于收集描述性的数据。但是，如果你需要的是工作群体中人的应用频率和技能水平，这类叙述性的信息的获取和分析就很费时间。在选择数据收集方法时主要考虑的一点是将如何分析数据。我们发现，表 7.1 中的 2×2 矩阵很适合分析关于最佳实践的应用频率和技能水平信息。而用问卷调查，可以采用电子化的分析过程。你可以用你喜欢的软件包来做这种应用，输入你要评估的最佳实践。一般而言，调查会通过内部邮件系统被分发出去再返回来。然后软件包可以进行分析，为你打印出结果。有技术的支持来完成现状评估，可以大大节省时间和开支。

有一些情况需要用到其他数据收集方法。例如，当数据来源包括工作文件时，就要用到文件查阅。在当今的商界，有大量的电子数据可以查阅。如果要发现与要求的流程是否有偏差时，或者统计人数或随机样本比较少时，这些情况就适合用直接的现场观察。但是，直接的现场观察成本很高，因为观察者要付出很多时间。

因为问卷调查对绩效现状数据收集来说适应性强，有很高的成本效益，所以下面我们提供关于创建问卷调查的一些指导原则。

## 问卷调查的设计

在设计问卷调查来提供频率和技能水平的数据时，我们建议采用以下步骤：

1．明确数据收集的目的。对于绩效现状的评估，目的通常是识别表现出最佳实践的人的应用频率和技能水平。如果我们要获取组织和个人能力因素的数据，那就要用到原因分析（参见第 8 章）。差距分析可能有其他目的。例如，判断最佳实践对具体职位的重要性会很关键；因此，可以设计问卷调查来获取关于每个最佳实践的重要性以及人们用这些最佳实践的频率等信息。你可能还要比较不同区域或职能的结果，如果是这样，要在你的目的陈述中肯定这点。在设计问卷调查之前一定要与客户就目的达成共识。

2．确定要采用的量表类型。现状评估可以用多种量表。表 7.2 提供了我们常用的频率量表的例子。注意，这个量表从“几乎总是不用”到“几乎总是用”，每个评分都用一个百分比范围来表示。我们避免用“总是”和“从不”这样的选项，因为人们几乎不选择这么绝对的选项。

表 7.3 提供了一个技能水平量表的例子。这个量表可以给能力最低的人（很少到没有技能）到工作高效以至于别人向他们寻求帮助和指导的人（专家技能）打分。注意，每个分值点都有一条独特的描述。表 7.2 和表 7.3 中的量表就是针对员工使用的。发给其他来源如主管的调查问卷，也会用这些相同的量表，但会通过改变描述的方式来确定评价者和被评价者之间的关系。（例如：“这个员工在执行这个最佳实践时表现出很少的技能或没有表现出技能。”）

**表 7.2　频率量表**

如果你没有机会用列出的这些实践或因其他原因不能给你的应用频率打分，就用“NA”（不适用）。

如果有机会，对这个实践：

| | |
|---|---|
| 用“1”，如果 | 几乎从来不用——少于 10%的时间 |

续表

| | |
|---|---|
| 用“2”，如果 | 很不常用——少于25%、多于10%的时间 |
| 用“3”，如果 | 不常用——少于50%、多于25%的时间 |
| 用“4”，如果 | 经常用——多于50%、少于75%的时间 |
| 用“5”，如果 | 很常用——多于75%、少于90%的时间 |
| 用“6”，如果 | 几乎总是用——多于90%的时间 |

**表7.3 技能水平量表**

| 在最能描述你的技能水平的分数上画圈 | |
|---|---|
| 1=很少或没有技能 | 在执行这些实践时你表现出很少的技能或没有表现出技能 |
| 2=基本技能 | 你可以在常规的情况下执行这个实践，但需要指导才能有效执行 |
| 3=足够的技能 | 你在常规情况下无需帮助就能表现出技能，但在困难或不寻常的情况下你需要指导 |
| 4=熟练的技能 | 你在执行这个实践时一致表现出技能，即使在困难或不寻常的情况下 |
| 5=专家级的技能 | 你是执行这项实践的顶尖人物；其他人向你寻求该实践的帮助和指导 |

3．为问卷调查创建一个行为分解的列表。绩效差距分析要求最佳实践是已知的。最佳实践是评估工作群体中员工的绩效标准。如果已经制定好了绩效模型或能力模型，就可以从模型中提取要评估的最佳实践。如果关注的是能力，你需要列出适合这种能力的行为，而不是能力本身。让员工评价自己的“判断能力”，结果就会得到不可靠的数据，因为这太宽泛、开放、没有限制了。相反，要创建三四条描述如何做出合理判断的行为陈述，让员工评价他们用这些行为的频率和技能。例如，员工“在环境需要时，打破常规完成任务”，

或者“在时间紧急的情况下，基于经验和直觉进行决策”的频率，以及在这样做时需要的技能水平分别是怎样的?

4. 设计、试行、修订调查问卷。你一旦确定了问卷包括的项目及要用的量表类型，你就可以创建调查问卷了。一般首先要有设计员工完成的调查问卷的版本。设计好这个版本并试行，你可以开发其他版本的调查问卷用作配套的问卷调查（给顶头上司或客户用的调查问卷）。根据你在试行时的发现来修改调查问卷。

问卷的试行确保它们能够提供可靠的信息，确保收到调查问卷的人能够理解问卷里的问题。你还要确保调查问卷中的每条都按照你希望被理解的那样被接受问卷调查的人所理解。行话或贸易术语可能会被理解错误。最后，你还要确保接受问卷调查的人理解量表。出于上述所有原因，问卷调查的试行是十分必要的。

5. 设计配套调查问卷。制定好给员工的调查问卷之后，可以起草给其他数据来源的配套调查问卷。因为员工的调查问卷可以试行、测试并修改，所以没有必要试行和测试为在相同环境中工作的其他人，如顶头上司或下属所制定的配套调查问卷。
6. 一旦所有调查问卷都完成了，将它们发给相应的数据来源。为保证好的回复率，调查问卷应该包含一封来自客户或客户团队成员的邮件或说明。内容包括：

- 为什么接受问卷调查的人完成问卷调查很重要以及这么做对于个人的好处。
- 完成问卷调查需要多长时间。
- 如何以及到哪天截止返回调查问卷。
- 接受问卷调查者将收到关于问卷调查结果的哪些信息。

## 现状与测量数据之间的关系

人们通常认为测量是一个计划好的活动，一旦改变绩效的行动计划完成就实施。实际上，测量应该是一个前置程序。这里的意思是测量现状数据，从一开始就进行收集；测量的发现将作为后面数据比较的基准。这样，绩效改进一开始就获取的数据用于识别两个要素：通过测量数据和后面获取的数据进行比较后，得到“要缩小的差距”及“基准”。

### 现状评估：如何做

斯科特是北美东部一家大型烘焙公司的运营副总裁。这家公司开始时是新英格兰的烘焙批发商，提供的面包种类众多，包括许多具有民族特色的面包。它们的烘焙产品通过超市、便利店、熟食店和小的独立零售店销售。其销售收入在过去十年内持续增长。增长很大一部分要归功于公司“善待顾客”这一企业理念。

这家烘焙公司的销售人员负责识别和挖掘新顾客。他们直接联系商店经理和零售店烘焙部门的经理。首先，销售人员的角色是要描述多种烘焙商品将如何帮助商店增加收入。然后，销售人员从推销的角度对烘焙产品进行陈列，使得产品更加抢眼。在争取了一家零售店作为新的客户时，在最初的 8 周内销售人员会密切监控这家店的销售情况，调整烘焙产品的选择和陈列，以提高营业收入。在最初的 8 周之后，如果销售令人满意，销售人员将销售和服务的责任转交给运营部门。

此时，配送代表（RDRs）成为负责与零售店沟通的主要人物。配送代表是有经验的派送和服务的人员，其负责完成以下任务绩效：

1. 在预定的时间内将烘焙产品送到商店。

2．调整商品的陈列。

3．将破损的或过期的产品带回。

4．与商店经理或店主保持联系，鼓励他们订购新的或更多的产品。

5．回应商店经理或店主提出的问题或投诉。

为简单起见，在本案例讨论中，我们将只关注最后两个任务绩效。

## 问题

这个业务的目标是要将销售额比上个财务年度同期提高 6%。到目前为止的结果表明，该公司的销售只增长了 4%。在三个地区中，有两个已经实现了 6%的目标。问题似乎在东北区，该地区过去两个季度的销售只增长了 2%。东北区获得的新客户的数量足够多；问题在于，该地区正在失去数量惊人的老顾客。运营部副总裁斯科特联系了学习与发展部门的主管芭芭拉，请求为东北区的配送代表提供顾客沟通技能的培训。斯科特指出，这种培训将提高东北区配送代表的人际技能，将强化其“善待顾客”的使命。

芭芭拉与斯科特碰面来讨论这个情况。在开始的时候她问了几个问题。他们一致同意，芭芭拉应该见见东北区配送代表的经理，去获得更多信息和见解。芭芭拉见过其他地区的经理之后，她和副总裁都一致认为，关于东北区配送代表当前绩效的信息还不清楚。他们与其他区的配送代表所做的有何不同？判断那些配送代表具体在哪些地方做得有效，哪些地方做得还不熟练，这点很重要。

## 差距分析计划

由东北区总监、配送代表经理及学习与发展总监组成的一个项目组成立了。他们的计划是要收集关于如表 7.4 所示情况的数据。

表 7.4 差距分析计划

| 目　　的 | 来　　源 | 方　　法 | 需要的时间 |
| --- | --- | --- | --- |
| 判断东北区在工作中用或没用哪些绩效相关的最佳实践 | 配送代表<br>配送代表经理 | 对全部 80 名配送代表进行问卷调查 | 4 周 |
| 判断商店经理和店主对他们的配送代表的服务满意度 | 商店经理和店主 | 对顾客采样进行电话调查 | 2 周 |

这个调查问卷的设计目的是提供关于配送代表在表现出期望绩效时的频率和技能的信息。这个项目组对评价的两个维度（频率和技能）制订了可接受的绩效标准：

在条件允许的情况下，配送代表至少在 80%的时间里要按照期望的方式行动。

配送代表的技能熟练水平要达到 4.0 以上。

没有符合这两条标准的最佳实践将被确定为需要关注的最佳实践，可能需要采取某种行动或解决方案。

这个项目组为调查问卷创建了一个行为分解的列表。调查问卷的内容来自大约两年前创建的一个关注配送代表的五个任务绩效的绩效模型。调查问卷列出了与这五项任务相关的具体行为。下面是一个例子。

任务：与商店经理或店主保持联系，鼓励他们订购新的或更多的产品。

1. 找出或直接问商店经理或店主他们对我或我们公司是否有什么具体要求。
2. 问商店经理或店主他们对我们的产品如何陈列有什么建议或看法。
3. 向商店经理或店主介绍新产品，说明该产品将如何提高商店的收入和利润。

任务：回应商店经理或店主提出的问题或投诉。

1．通过提问来确保我对该情况细节的理解。

2．问商店经理或店主觉得我们公司应如何做或我应该做什么。

3．说明将采取纠正问题的措施。

4．问商店经理或店主对该措施是否满意。

这个调查问卷让配送代表评价他们在表现出上述行为时的频率和技能。一旦调查问卷设计好了，就可以从不在差距分析范围之内的两个地区中随机选出几位配送代表和配送代表经理试行一下。试行的结果是在实践的措施和说明上有一些微小的变化。然后设计一份要发给配送代表经理的配套调查问卷。

另外还设计了一份电话调查问卷用于电话访谈商店经理和店主，让商店经理或店主用 5 分制在 8 个方面对他们的配送代表和烘焙公司进行评分，5 表示优秀的服务，1 表示不满意的服务。除了获得评分之外，访谈者还请商店经理和店主解释他们的评价，为配送代表可以在哪些地方改进提供建议。

## 发现

发给配送代表的调查问卷封面附上运营部副总裁的书信，一起用电子方式发送给东北区的所有配送代表。同时，将给配送代表经理的调查问卷也发送出去。两周之后，收到了超过 90%的调查问卷的回复，他们的回答被制成表格。结果被输入到表示技能和应用频率的 2×2 矩阵中。图 7.2 和图 7.3 表明被评估的这两个绩效方面的结果：“与商店经理或店主保持联系”和“回应商店经理或店主提到的问题或投诉”。

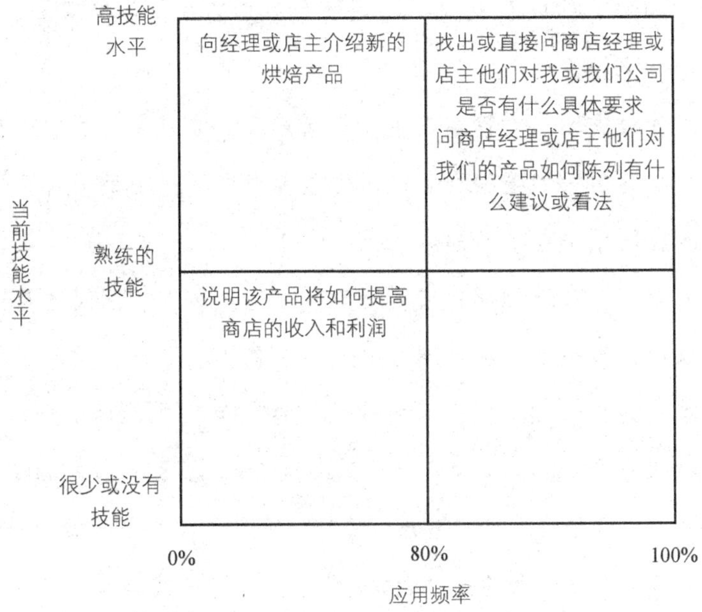


图 7.2 成就：与商店经理或店主保持联系，鼓励他们订购新的或更多的产品

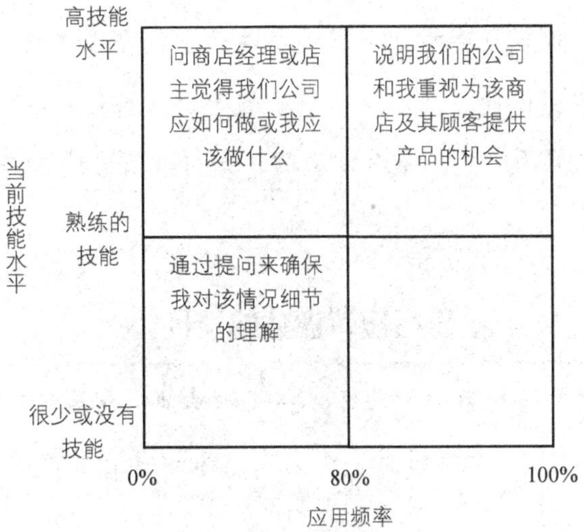


图 7.3 回应商店经理或店主提出的问题或投诉

芭芭拉和副总裁以及他的一些下属开会来回顾这些发现。这些发现让他们得出如下结论：

- 配送代表向商店经理或店主介绍新产品，以及说明这些产品将如何提高商店的销量和利润时，明显表现出技能不足，对该最佳实践的应用频率也不够高。
- 在回应客户提出的问题或投诉时，配送代表在提问问题及说明将采取什么措施来解决问题时，也不够有效。

对顾客电话访谈数据的分析肯定了这些结果。东北区的顾客对产品和店内陈列的评价平均分为 4.6 分（满分是 5 分）。然而，在与配送代表的对接方面，评价平均分为 2.1 分，同时，对配送代表是否较好地回应投诉和问题的满意度评分更低。东北区配送代表的这些结果比其他两个区的评分要低得多。

这些发现表明，提高技能是解决方案的一部分，可以解决上述提到的问题。但是，仅仅提高技能并不能解决这些问题。关键行为的应用频率低是有原因的。因此，在决定需要一整套什么样的解决方案之前，客户请芭芭拉完成原因分析。第 8 章中的“如何做”描述了这个分析。

## 进行现状评估的捷径

1．制定明确的分析目的。与客户一起明确他们想要制定的决策以及这些决策所需要的信息。然后设计一个只专注于这些目的的差距分析，避免范围扩大。

2．使用并发放电子化的调查问卷，用制表软件来减少获取数据和将结果制表所需要的时间。

3. 限定数据分类的方式。每次数据被分类（根据地区、职能分类）时，数据都必须被解释和报告。这需要时间。只用你确定的目的所需要的那几个数据分类方式。

## 本章要点

1. 对于判断哪些最佳实践受组织影响，哪些最佳实践是因为缺乏技能，以及哪些实践既有组织能力问题也有个人能力问题，应用频率和技能水平的矩阵是一个有用的指南。我们发现，客户重视这个2×2矩阵的逻辑。

2. 数据的可靠性可通过使用多个数据来源和多个数据收集方法来提高。

3. 调查问卷适合从众多的、位于不同地方的人那里收集差距分析的数据。使用和发放电子化的调查问卷可以加速数据分析过程。

## 下 载

这里列出了支持本章内容的工具。工具可以从 Berrett-Koehler 网站购买和下载。下载指南请见第238页。

- 试点调查问卷的清单
- 差距与原因分析调查的模板
- 绩效评估的数据来源和方法
- 将频率平均值转化为百分比的转换表

# 第 8 章

# 识别原因和选择解决方案

“会伤害你的不是你不知道的，而是你知道的却不是那样。”

——萨奇·佩吉（Satchel Paige）

在与客户讨论绩效目标与绩效现状之间的差距时，谈话通常很快就跳到了确定解决方案上。遗憾的是，这种直接跳到解决方案的方式不足以让绩效获得改进，也不能取得持续的效果。因为这些解决方案是在假设的差距原因基础上提出的，而这些假设可能不准确，肯定也不完整。不同情况下的差距大多数有多个原因，需要多个解决方案。例如，虽然可能需要改进信息系统，但可能还有其他原因，如缺乏清晰的绩效标准或人手不足。

在组织中改善结果的压力促进了这种跳到解决方案的心态。但是，如果解决方案与原因没有联系，就是对资源的浪费。作为绩效顾问，你要防止这种直接跳到解决方案的方式。相反，你要与客户一起判断引起业务水平低和绩效结果差（如果问题已经存在）或造成可能妨碍成功的障碍（如果是要抓住将来的机会）的原因。一旦确定了原因，你和客户就可以制定和实施将能产生期望效果的解决方案。

## 识别根本原因而不是症状

在进行原因分析时，要关注原因而不是症状。打个比方，你可能感觉不舒服，去看医生。医生可能问你症状，如发烧、疼痛或呼吸道堵塞。如果她只根据这些症状就开出治疗处方，这对于病情的好转可能有效，也可能无效。只通过症状来治疗，可能你的状况会持续甚至恶化。这就是为什么我们希望医生要透过症状，采取必要的措施来确定疾病的原因。对组织和组织面对的问题来说，也是这样的。只治疗症状而没有找出根本原因，可能会让问题持续甚至恶化。

下面可能是你遇到过的一个场景。当你在访谈别人时，问他们为什么不执行其工作中的一项具体职责，对方可能回答“我没有时间”，或者经理可能会指出“员工没有动力这样做”。这两种回答都是症状——不是根本原因。当你听到“时间不够”的回答时，要探究是什么引起时间不足。可能有太多行政性事务要处理，没有留下足够的时间来做其他工作。在这种情况下，解决方案时要减少或完全去掉做行政性事务的需要。同样的逻辑也适用于将“没有动力”作为绩效不充分的原因。是什么造成员工表现得动力不足？是因为他们的工作没有发展机会吗？可能他们厌倦了这份工作或感到不受经理的器重。一旦你确定了原因，就可以选择和实施恰当的解决方案。

识别原因，是为了帮助别人，而不是走形式，我们创建一幅图来说明差距的根本原因（见图 8.1）。

你可以看到，工作绩效成功的支撑点像一个有三条腿的凳子，每条腿代表一类根本原因：

- 组织外部因素

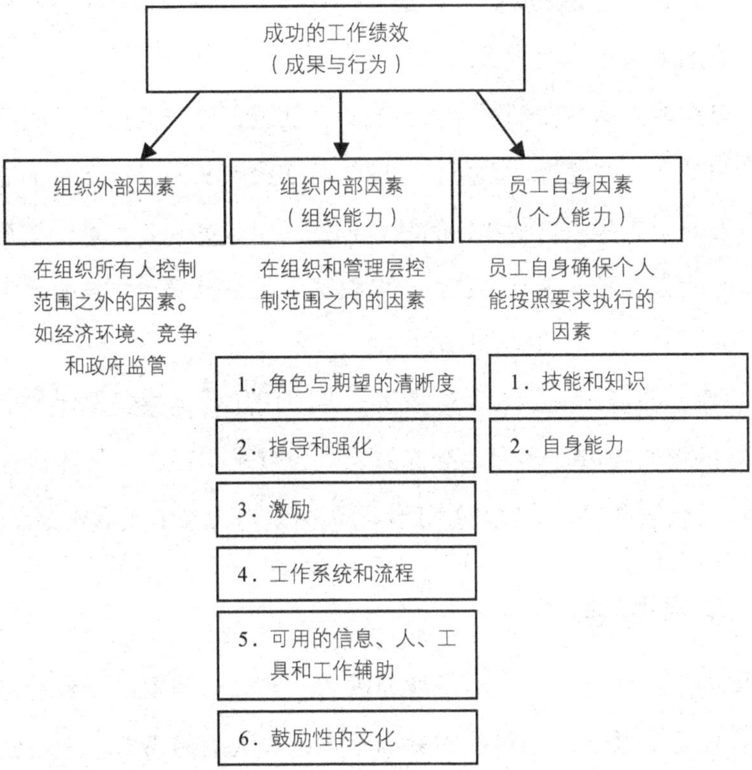


图 8.1　差距的根本原因分类

- 组织内部因素
- 员工自身因素

我们将这些类别当作“桶”，将性质类似的障碍组织到这些“桶”里。下面我们开始讨论图 8.1 右边的因素——员工自身因素。

## 员工自身因素

员工自身因素是针对需要的个人能力，指自身会促进或阻碍个人绩效的因素。

1．技能和知识指能够促成个人很好地完成工作而必须知道和应用的内容。例如，如果员工不知道如何操作重型设备，他们就不能安全、有效地操作这类设备。

2. 自身能力指在我们每个人自身的、让我们独一无二的“固有要素”，包括我们的背景、教育、之前的工作经验和特性。自身的能力会随着时间提高。它受我们的基因和生活经验影响，并且很难在较短的时间内改变。因此，创建一个甄选流程来准确识别具有要求的自身能力的个人，这样会比较高效。

要注意，技能不是绩效，这点很重要。例如，如果经理让你提高一个工作团队的谈判技能，他提供给你的是能力需求，而不是绩效需求。一个请求要成为绩效需求，必须描述工作团队在谈判工作中实际要做什么。

## 组织内部因素

组织内部因素包括六类组织能力需求。当这些因素以积极的方式存在时，它们能促进绩效。当这些因素不存在或表现为障碍时，它们就会妨碍绩效。但要注意，组织内部因素是在管理层控制范围之内的。

1. 角色与期望的清晰度关注的是员工明确地知道他们与其工作目标和责任相关的角色和职责是什么。当员工知道他们的职责与支持同一业务目标的其他人有何不同时，角色具有明确性。当他们不知道自己的职责与其他人不同时，那就可能造成角色混淆，这是妨碍绩效的一个常见的障碍。
2. 指导和强化是指有一个系统可以在个人履行工作职责时为他们提供指导和支持，包括强化和肯定期望的绩效及提供发展的反馈。
3. 激励是指鼓励员工达到被要求绩效的有形或无形的回报。有形的回报包括奖金和金钱报酬。无形的回报包括鼓励性的文化及有趣、有意义的工作。想要获得高效的绩效，需要在正向激励和负向激励之间进行平衡。如果没有正向或负向的激励结果，员工很容易在绩效上保持现状。

4. 工作系统和流程是个人履行职责时的工作流和组织系统。这些可以让工作绩效更容易、更高效，也能让期望的绩效难以实现甚至不可能实现。《流程圣经：让流程自动管理绩效》（吉尔里・A・拉姆勒和艾伦・P・布拉奇，1995）的作者之一吉尔里・拉姆勒（Geary Rummler）非常简明地说："如果你让一位好员工对抗一个坏系统，那么最终系统几乎每次都赢。"
5. 可用的信息、人、工具和工作辅助是一类组织能力，其重要性随着人们在复杂环境中无须许多日常指导就能表现得高效而持续增长。没有准确和及时的信息，没有执行工作所需要的工具，人们不可能有效地运作。
6. 鼓励性的文化是一种无形的但非常真实的组织能力。文化对人的工作绩效的影响怎么强调都不过。企业文化是组织的共同理念、价值观和行为准则的集合，如果组织成员必须逆着潜在的文化操作，那就很难取得结果。

## 组织外部因素

这类因素是指在组织控制范围之外的因素。例如，影响组织的竞争压力、经济环境、天气条件和监管要求。组织内没有个人或群体能够改变这些因素；相反，领导者必须执行组织战略才能在这些外部因素下取得成功。例如，当能源价格高的时候，虽然公司和组织要实现利润目标具有很大的挑战性，但其仍然要找到方法来实现这个目标。当然，有时候外部因素可以支持组织的业务需求，就像房价在上涨一样，建筑业上游供应商及从事房屋改造的人都可以获益。

在进行原因分析时，你要回答以下问题：

- 哪些方面是实现期望的业务结果和绩效结果的障碍？
- 哪些方面促进绩效？
- 哪些方面没有影响，因为它们与特定的情况不相关？

通过分类和筛选，能让你可靠地识别哪些方面需要解决方案及这些解决方案应被实施的优先级。

图 8.2 更详细地说明了这些根本原因列表。这个图是没有删减的，因为我们列出了每个类别所包含的障碍和促进因素的许多例子。

图 8.2 的目的是要澄清根本原因类别之间的边界。从宏观上来说，组织外部因素、组织内部因素和员工自身因素这三个主要的类别之间有清晰的轮廓。但是，要识别真正的原因，需要更具体的信息。只有在识别具体原因之后，才能选择和实施解决方案。例如，考虑组织能力第五个原因中的“工作所需信息可用”。如果我们只知道这点我们不能采取任何措施。我们需要知道缺少的是什么信息，信息的来源是什么，以及为什么我们还不足以采取措施来消除这个障碍。如果组织的计算机和信息系统不能提供需要的信息，那么解决方案可能就要求硬件、软件或程序上的改变。但是，如果原因是员工不能访问信息系统中已经存在的信息呢？在这个例子中，提高信息系统的性能不能解决问题。相反，你要关注已有的信息如何发给需要它们的人们。如果不清楚真正的原因，选中能消除业务差距和绩效差距的解决方案的概率就会很低。

**成功的工作绩效**

**组织外部因素**
√ 经济环境
√ 人口统计
√ 竞争
√ 客户期望改变
√ 政府监管

*注：这里列出的每项都是促进因素。目标是要判断与具体业务目标相关的因素以及它们是作为促进因素还是障碍

**组织内部因素***
（组织能力）

1．角色与期望的清晰度
√ 绩效期望和标准的清晰度
√ 角色的清晰度，包括“地盘”问题或工作输出
√ 对要求的工作有充足的人手
√ 工作结构
√ 充分的权力
√ 恰当的职位负载

2．指导和强化
√ 工作中的指导和强化
√ 合适专家的支持
√ 对成果的肯定

3．激励
√ 金钱激励
√ 有意义的奖励；被认为公平、公正的奖励系统
√ 没有按要求表现的后果
√ 期望绩效的价值
√ 组织规范
√ 有趣、有意义的工作

4．工作系统和流程
√ 技术和信息系统
√ 组织系统
√ 定义的过程是高效的
√ 工具和工作台的人体学设计
√ 没有物理障碍
√ 没有任务的交叉

5．可用的信息、人、工具和工作辅助
√ 工作所需的信息可用、准确和完整
√ 数据库
√ 专家
√ 文档
√ 电子绩效支持系统或工作辅助
√ 计算机
√ 电话
√ 汽车和交通

6．鼓励性的文化
√ 价值观和信条
√ 愿景和使命
√ 行为准则和被认可的实践行为

**个人内部因素***
（个人能力）

1．技能和知识
√ 具备需要的技能和知识，有学习机会，包括自我学习和导师指导

2．内在的能力
√ 智力
√ 情商
√ 体力
√ 品性
√ 个性
√ 艺术天赋
√ 内在动力
√ 以前的经历
√ 教育证书

图 8.2　未删减、带例子的根本原因分类

## 原因评估的设计

与建模和差距分析一样，目标的针对性强且清晰的原因评估才是成功的。表 8.1 显示了原因评估的两个主要目标。这两个目标陈述写得比较宽泛。但是，当你和客户一起制定目标时，要让目标陈述具体到要评估的业务和绩效问题上，这点很重要。例如，如果业务是要提高收入而业务代表的绩效是对这个目标贡献最大的人，那么原因分析的目标陈述就可能如下所示：

- 15%的增长目标和实际 9%的增长之间产生差距的原因是什么？
- 为什么业务代表没有按照我们的销售方式所要求的为客户创建具有吸引力的业务案例？

要确保信息可靠，就要利用合适的来源和方法。因此，于表 8.1 中我们也提供了在设计原因分析时可靠资源和方法的选择。

表 8.1 原因评估的设计

| 目的 | 可靠的来源 | 可靠的方法 |
|---|---|---|
| 原因分析回答下列问题 | | |
| • 业务目标和实际结果之间差距的原因是什么 | 对于业务差距<br>• **客户**<br>• 工作文件 | 对于业务差距<br>• 访谈<br>• 文件查阅 |
| • 员工绩效目标与现状之间差距的原因是什么 | 对于业务差距<br>• **员工（包括明星员工和“普通”员工）**<br>• 员工的经理<br>• 客户 | 对于业务差距<br>• 一对一访谈<br>• 焦点小组访谈<br>• 问卷调查 |

注：粗体=要求的来源。

## 来源

当你进行业务结果差距原因识别和寻找人的工作绩效差距原因时，信息的来源会有所不同。不管是哪种情况，你都会注意到，可靠的来源很少。

在关于当前业务结果差距的原因识别上，与当前业务结果的现状相关的客户（委托人）将是最好、最可靠的信息来源。他们可能会提到组织外部的一个或多个原因。外部因素通常是客户为完成业务目标制定战略的驱动因素。因此，在讨论业务差距的原因时，你要了解竞争压力、宏观经济和全球环境。另外，一个国家内部的社会动荡、贸易壁垒或自然灾害（如飓风），也可能是一个因素。我们一个客户全球市场中的一个地区正经历收入下滑，一个主要的外部因素是该地区的国内动荡和战争。客户的内部文件通常会提供关于为什么业务结果令人不满意的视角。这些文件可以为寻找业务差距的内部原因提供线索，如过于陈旧的设备、不恰当的流程或人的能力不足。一旦知道了原因，那目标就是要消除障碍或寻找方法来减小它的影响。

在获取识别人的工作绩效差距原因的信息时，虽然客户同样是信息来源，但他们不是最佳的来源。执行该项目/任务的员工是获取原因识别数据的最可靠来源。这些员工比其他人更能指出是什么在帮助他们（促进因素），什么让工作更难进行（障碍）。这就是为什么员工是获取原因数据时要求的信息来源，包括明星员工和“普通”员工。这些人的经理也会有宝贵的见解可以分享。再说一次，我们的建议是至少用两个原因信息的来源：员工和另一个来源。这种设计最有可能获得可靠和完整的信息。

## 方法

再次说明，可以选择的方法很少。我们发现，通过一对一访谈或焦点小组访谈获取原因信息可能是有效的方法。我们通常从目标群体中选出一些员工进行访谈，来得出一个与该工作群体相关的可能原因的列表。然后用我们得到的内容来设计一个调查问卷，发给更大范围的人群。如果我们只包含可能存在的通用问题，我们收到的信息可能会太含糊而无法在此基础上采取措施。记住，原因数据应该足够清楚，让我们可以选择合适的解决方案。如果原因分析的结果发现，因为一开始的发现太模糊以至于必须收集更多数据，那就浪费了时间和资源。一般来说，当要从大量人群中识别绩效差距的原因时，调查问卷是最经济的方法。调查问卷是一种可以通过技术支持来实现的方法。调查问卷可以用当前可用的许多软件来创建，然后通过组织的内部通信系统来发送给员工并得到员工的回复。软件可以汇总结果，并及时地为你和客户提供关于具体原因的信息。当然，你必须解释这些信息，最重要的是“让数据说话”。数据解释不应该加入主观的意见和个人的干涉。接下来，让我们来看一个将数据转化为行动的过程。

# 报告结果

现在你已经完成了绩效评估，识别了目标、现状和原因并得到了数据，正准备拿这些信息和你的解决方案去找客户讨论。数据报告会议的最终目标，是就最初主题和从你获得的信息中得出的结论达成共识，并使得拟采取的解决方案会获得认可。

注意“会议”这个词。讨论这类信息的会议可以是面对面的会议，也可以是视频会议。你需要与你的客户和其他利益相关方，面对面来讨论这些结果并从中得出结论。我们建议你不要在会前将这些成果文件发送给你的客户，那样做，你会失去影响和引导客户团队思维的机会。实际上，我们在第 2 章中描述过“汽车”的比喻，目标是要和你的客户在同一辆车上，影响他们要走的路线。提前发送数据，你和客户就在不同的车上，可能走上不同的方向。保持在同一辆车上，到讨论这些发现和解决方案的会议上才展示这些信息。

## 解释数据

对数据进行说明并将其转化为对措施选择有用的信息，与图 8.3 所示的漏斗图类似。从发现开始，获得数据，就像这个漏斗图中描述的一样进行说明。

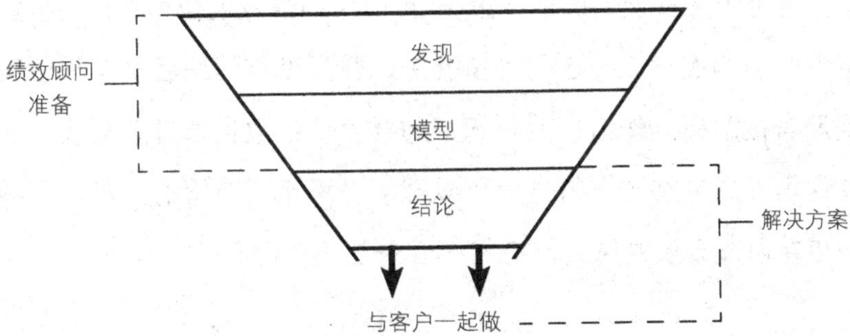


图 8.3　数据漏斗

### 发现

发现是你用数据收集来源和方法得到的具体数据点。发现可能有成千上万个，范围可以从访谈中得到的目标行为到从问卷调查数据中生成的平均值和标准差。客户对你的发现的质疑只有两种情况：第一种，客户不重视你是如何获得这些信息的。这个问题可以通过让客户参与评估计划来预防；第二种，可能你的客户不相信你是以客观、不带偏见的方式来提供这些信息的。当然，这个问题可以通过与客户形成良好的合作伙伴关系来解决。在第 3 章中，我们讨论了如何与客户形成良好的合作伙伴关系。

最重要的一点：作为绩效顾问，你可以做很多工作来确保客户接受这些发现。为进入解释和选择解决方案的阶段，接受是必需的。

## 模型

如图 8.3 所示，数据解释过程从发现开始，但它们需要以某种方式组织起来以便于讨论和形成见解。用几页纸来展示平均值、频率分布或行为列表，这并没有帮助。有用的是要将发现组织成有逻辑的数据模型，但不要解释它们。第 7 章中描述的关于现状数据的 2×2 矩阵，就是一个关于如何将定量数据组织成模型的例子。第 6 章所示的绩效模型和胜任力模型，是组织定性数据的例子。在这两种情况中，数据都被组织起来以便于理解，但数据没有被解释。作为绩效顾问，你要负责让数据通过数据漏斗的前几步，在这里你是在将数据转化为可以理解、可用于决策的信息。漏斗中的最后一步要通过会议的形式，在你与客户之间进行。

## 结论

如图 8.3 所示，现在你要从发现和相应的模型中形成结论。漏斗变窄，因为结论比模型和数据事实要少。结论是通过将一些数据综合到一起所得到的推论。通常，结论是描述性的陈述，同时省略了对于具体数据结果的引用。例如，可能 65%的员工指出，在他们需要的时候，不能从他们的经理那里得到指导和帮助。在请这些员工的经理做自我评价时，超过 90%的经理回答他们可以提供指导和帮助。从这两个数据来源得出的结论可能是"员工寻求的指导和帮助与经理认为自己提供的没有联系"。具体的数据与从这些数据提炼出的总体结论相比，显得不那么重要了。

有一点很重要，值得注意：在形成结论时，就是在解释数据。在这个过程中，人们会引入自己的经验、想法和观点。只要结论与数据发现和模型有联系，那就没有"正确"或"不正确"的结论。想想一个 8 盎司的杯子里有 4 盎司的液体。这个杯子是半空的还是半满的？这两个结论都是准确的，却是不同的。这就是为什么你要在与客户召开会议之前，对发现进行研究并形成你自己的一些结论。

将这些结论作为你的观点提供给客户，看客户对它们的反应。客户会得出什么其他的结论？他们对你提出的结论的认同程度如何？这应该是一个高度互动的交流，以达成双方对发现的共识，并让客户最终认可和接受。

关于结论有一点要注意：防止客户跳到与所报告的发现没什么联系的解决方案上。像"没有人按照我们的需要做事情"和"显然人们因为他们的问题在责怪我们而没有承担责任"这样的说法，就是我们听到的一些例子，发现并没有表明是这样，但客户就跳到了解决方案。当你听到这类说法时，你可以问："你用我们的诊断报告中的哪些数据来形成的这一结论？"虽然结论是解释性的，在不同的人看来可以是不同的，但它们应该与评估报告中包含的数据联系起来。

一旦就结论达成了一致，接下来就可以讨论和选择要实施的解决方案。这是绩效咨询过程中的一个关键时刻，因为你和客户就要采取的解决方案达成一致——也是此时，你将数据转为行动。

## 解决方案

前面提到，如果没有准确的原因数据，那么很难选择能够解决业务差距和绩效差距的解决方案。解决方案对于问题，就像钥匙对于锁一样：如果不合适就没有用。客户确实希望你报告评估所发现的原因时也提出关于解决方案的思路。这些解决方案的建议将作为“思维启发”，便于客户在讨论中形成更多可以考虑的解决方案。

我们发现，为一个原因或一组原因识别多个可能的解决方案，提供几个选择来与客户讨论，这很有帮助。提供几个选择，还能促进对每种选择有多大可能成功解决原因的讨论。我们还发现，当关注解决方案时，根据图 8.1 对根本原因进行分类是很有价值的。例如，识别了哪些原因是组织外部的？哪些原因是组织内部的？哪些原因是员工自身的？对于这三大类原因中不同的解决方案，可能需要不同的“负责人”来负责设计和实施。不能将所有可能的解决方案都提供给客户，因为这会被认为太多。下面让我们来看一个用于识别要推荐给客户的解决方案的过程。

### 选择解决方案的过程

通常，你会针对一种情况下的差距找出多个原因，所以你需要考虑多个解决方案。很重要的是，在识别解决方案时，要带有一定的针对性。例如，如果你确定了技能和知识上的差距，那学习的解决方案是合适的。但是，学习目的是什么呢？你在制定最初解决方案清单时，可以充分利用你们公司/团队中其他制定解决方案的专家，利用他们的专业技能。在最初的这个阶段，这些可能是一些要讨论的宽泛建议，所以你一定要征询客户的回应。

一旦你形成了每个原因的可能解决方案列表，接下来就要用评价标准来比较这些方案。我们在这里分享的五个标准，是我们的同事哈罗德·思托洛维奇（Harold Stolovitch）和艾丽卡·齐普思（Erica Keeps）提出的，并且出现在他们的书 *Beyond Training Ain't Performance*（2006）中。

- 匹配度：你对该解决方案实施之后能消除差距的确定程度？这条标准考察你提出的解决方案与已经识别的原因之间存在的匹配程度。
- 经济性：大多数解决方案都要求一些财务上的投资。资金预算能分配给该解决方案的概率有多大？该解决方案的成本是否比绩效问题的成本低？
- 可行性：设计与实施该解决方案还需要其他“成本”，包括与时间和人力相关的成本。另外，设计并按照期望实施解决方案时，可能还有特定的能力需求。你在多大程度上确信可以得到具备该项能力的人并保证这些人有时间？
- 组织的接受程度：这条标准关注解决方案与组织文化的吻合程度。虽然有些解决方案可能需要突破文化的重围，但如果解决方案严重违反文化，那就要谨慎。在这种情况下，在解决方案实施之前，你和客户需要花费大量的精力来提高文化方面的接受度。
- 个别员工的接受程度：考虑解决方案面向的员工群体。他们有多大程度接受该解决方案？或者，该解决方案是否如此不可接受，以至于遇到很大程度的抵触？该解决方案是否值得克服这些抵触？这些都是在分析员工接受程度时要考虑的问题。

使用下列的分制，通过五个标准来评价可能的解决方案：

0＝ 解决方案完全不满足这条标准，不可接受。

1＝ 与这条标准相比，解决方案被接受的程度很低。

2＝ 对于这条标准，解决方案是可接受的。

3 = 解决方案完全满足这条标准。

当你在评价时，你就是在判断哪些解决方案最可能被客户和其他人接受。可能的话，要避免提出那些多条评价标准上你的评价为 0 的解决方案。可能需要用学习解决方案来消除能力差距，但也可能这个解决方案面向的人在地理上的分布很广。用技术支持的学习解决方案可能满足所有标准，但如果它在经济上的评分为 0——意味着实施的成本比问题的成本更大，那可能就不值得向客户提议。至少，对评价为 0 的解决方案，你在将它包含到解决方案提议中之前就应该慎重考虑一下。

**提出思路并在解决方案上达成一致**

前面提到，数据报告会议的目标之一是要对拟定的解决方案达成一致。你要在一个准备充分的会议上详细地讨论你的发现。你可以提出你已经用五个标准评价过的解决方案。客户和其他利益相关方可能会建议更多的解决方案。很多时候，人们会利用已经提出的解决方案。一定要在纸板上或电脑屏幕上记录建议的解决方案。在讨论了所有结论后，可能还会有许多解决方案在列表上——通常比可用资源可以实施的还要多。这时是用五个标准来评估每个解决方案的好时机。如果会议上的每个人都对每个解决方案进行评价，你就能按照评价来对解决方案进行排序。评价最高的解决方案最有可能成功和被接受。这样的解决方案可能被确定下来并立即实施。

注意：在会前要与客户讨论评价标准并就评价标准达成一致。客户可能坚持其他的一些评价标准，但至少你用的是客户支持的评价标准。决策过程应该是透明的，并且能够推动讨论的实施，促进该情况下最好的解决方案的提出。

当然，没有实施的解决方案，对组织是没有价值的。作为绩效顾问，你要引导制定一个行动计划或根据解决方案的性质制定多个行动计划，如人力资源行动计划、学习行动计划、市场营销和销售行动计划、客户行动计划。要做好在会上就开始制定行动计划的准备。在你的电脑或纸板上准备一个标准的模板，这样小组可以立即列出重要的行动和里程碑。如果会上没有足够的精力或时间来制定行动计划，你要在会上主动发挥带头作用，与合适的人在会后制定这些计划。你的目标是要辅助将已达成一致的解决方案转化成能够改善现状的行动，确保客户制订了行动计划，明确了负责人，并确定了里程碑的日期。如果你发现客户没有承诺要投入资源到之前达成一致的解决方案中，那么你就要勇敢地说出你的担忧。

## 原因分析：如何做

### 背景信息

在第 7 章中，我们描述了一家将烘焙产品销售给零售店的公司运营部副总裁马克是如何就东北区配送代表的问题联系到学习与发展部总监芭芭拉的。这个区没有达到它的销售目标。配送代表是零售店的主要联系人，负责提高来自这些零售店的收入。差距分析已经完成，其目标是要判断配送代表有没有执行那些期望的工作行为。这差距分析的结果确定，配送代表将从提高与客户交互的技能中受益。但是，有其他因素阻止配送代表表现出一些关键的最佳实践，如鼓励商店经理或店主增加新产品到他们的烘焙部相关的实践。另外，配送代表不够熟练，有时候在回应商店经理或店主的投诉时显得有点犹豫。未知的是配送代表为什么不用与商店经理或店主交互的这些技能。可以肯定的是，只提高配送代表的技能并不是充分的解决方案。组织内部有一些因素阻碍了配送代表使用这些期望的实践。这些因素是什么？所以，需要进行原因分析。一旦知道原因，就可以识别和实施一套完整的解决方案。

### 数据收集计划

他们决定，调查问卷是收集数据的最好方法。这是因为，一共有 8 位配送代表，分布在好几个州。为了获得要在调查问卷中使用的数据，芭芭拉和她的项目团队对两组配送代表和他们的上司进行了焦点小组访谈。这些焦点小组访谈只需要一小时，目的很明确，就是要判断可能与这种情况相关的组织能力因素。

有几个被识别为可能影响配送代表如何介绍新产品和处理来自商店经理或店主的投诉的因素。这些因素成为调查问卷的内容。这个调查问卷用电子形式被发送给东北区的所有配送代表和他们的经理。表 8.2 显示了这个问卷调查的一部分，所有陈述句都用肯定陈述句。如果配送代表同意一个陈述句，就表明该项促进了他们的绩效。如果配送代表不同意一个陈述句，就表明该项是一个障碍。

### 结果

一旦有足够份数的调查问卷返回，就可以将结果制表（见表 8.2）。客户团队决定，如果至少有 60%的受调查者同意一个陈述句，该因素就解释为促进因素。反过来，当一个陈述句得到的同意率只有 40%或更低，那该因素就被视为障碍，很可能需要采取措施。对于受调查者的同意率在 40%～60%的因素，则根据情况个别讨论（见表 8.3）。

从这些结果中可以很清楚地看出，下列是促进配送代表履行职责的因素：

- 配送代表有充分的产品和陈列的资料。
- 他们的进度设计是支持按照预先安排的时间到达商店的。
- 配送代表有关于新产品成分的充分信息。

- 配送代表经理强调提高销售和实现利润目标的重要性。

下列因素被识别为东北区配送代表绩效的障碍：

- 关于要与商店经理或店主讨论的新产品的优点，配送代表掌握的信息不足。
- 配送代表认为他们没有足够的权力可以决定在处理商店经理或店主投诉时要采取的措施。
- 配送代表经理提供的关于如何回应商店经理或店主投诉的指导不足。

有了这些信息，配送代表很少执行一些最佳实践的原因就显而易见了。如果配送代表缺少关于新产品的信息，他们就难以提高商店的销售；在出现问题或投诉的时候没有采取措施的权力，会妨碍将问题解决得让顾客满意。

客户团队开会并就要采取的措施达成一致。这些措施包括一些技能的提高，以及与配送代表一起澄清并加强配送代表在解决商店经理或店主投诉时的权力，另外，也采取措施来加强配送代表经理提供的指导。

**表8.2　　配送代表原因分析调查问卷**

| 说明 | | |
|---|---|---|
| 下面列出的是在你与商店经理或店主讨论时应先拟定的因素。这些因素对回应顾客投诉和问题也很重要。请阅读每个句子并指出你同意或不同意的程度。 | | |
| 用下面的分数，将与你相对每个句子同意或不同意的程度相对应的数字画圈： | | |
| NA = 不适用于我的情况 | | |
| 1 = 强烈不同意 | 2 = 不同意 | 3 = 有点不同意 |
| 4 = 有点同意 | 5 = 同意 | 6 = 强烈同意 |

续表

| 不适用 | 强烈不同意 | | | 强烈同意 | | | 障碍或促进因素 |
|---|---|---|---|---|---|---|---|
| | | | | | | | **在送烘焙产品给顾客时：** |
| NA | 1 | 2 | 3 | 4 | 5 | 6 | 1．我的卡车经常有充足的产品可以满足商店的需求。 |
| NA | 1 | 2 | 3 | 4 | 5 | 6 | 2．我的时间安排可以让我按照预先定好的时间到达商店。 |
| NA | 1 | 2 | 3 | 4 | 5 | 6 | 3．我的卡车经常有充足的陈列材料可以给我所服务的商店。 |
| | | | | | | | **在与商店经理或店主交互时：** |
| NA | 1 | 2 | 3 | 4 | 5 | 6 | 4．关于新产品对商店顾客的好处，我有充分的信息。 |
| NA | 1 | 2 | 3 | 4 | 5 | 6 | 5．关于新产品如何提高商店的销售，我有充分的信息。 |
| NA | 1 | 2 | 3 | 4 | 5 | 6 | 6．我有充分的信息可以回答关于新产品成分的问题。 |
| | | | | | | | **当商店经理或店主投诉产品时：** |
| NA | 1 | 2 | 3 | 4 | 5 | 6 | 7．我有充分的权力可以决定要采取的措施。 |
| NA | 1 | 2 | 3 | 4 | 5 | 6 | 8．我的上司通常支持我对要采取措施的建议。 |
| NA | 1 | 2 | 3 | 4 | 5 | 6 | 9．我的上司知道我如何回应商店经理或店主的投诉。 |
| | | | | | | | **我的配送代表经理强调__________的重要性：** |
| NA | 1 | 2 | 3 | 4 | 5 | 6 | 10．提高商店销售。 |
| NA | 1 | 2 | 3 | 4 | 5 | 6 | 11．满足利润目标。 |
| NA | 1 | 2 | 3 | 4 | 5 | 6 | 12．取得更高的顾客满意度。 |

**表 8.3　配送代表的原因分析结果**

| 影响绩效的因素 | 同意该句子的配送代表的比例，表明该项为促进因素（评分为 4、5 或 6） |
|---|---|
| 1．我的卡车经常有充足的产品可以满足商店的需求。 | 87% |

续表

| 影响绩效的因素 | 同意该句子的配送代表的比例，表明该项为促进因素（评分为 4、5 或 6） |
|---|---|
| 2. 我的时间安排可以让我按照预先定好的时间到达商店。 | 71% |
| 3. 我的卡车经常有充足的陈列材料可以给我所服务的商店。 | 91% |
| 4. 关于新产品对商店顾客的好处，我有充分的信息。 | 38% |
| 5. 关于新产品如何提高商店的销售，我有充分的信息。 | 45% |
| 6. 我有充分的信息可以回答关于新产品成分的问题。 | 64% |
| 7. 我有充分的权力可以决定要采取的措施。 | 33% |
| 8. 我的上司通常支持我对要采取的措施的建议。 | 45% |
| 9. 我的上司知道我如何回应商店经理或店主的投诉。 | 28% |
| 10. 提高商店销售。 | 85% |
| 11. 满足利润目标。 | 78% |
| 12. 取得更高的顾客满意度。 | 51% |

图 8.4 显示了差距地图，包括现状和原因分析中了解到的信息。

| 业务需求：提高收入 | 员工群体：东北区的配送代表（80名） |
|---|---|
| 客户：运营副总裁 | |

| 业务目标 | 绩效目标<br>（成果与行为） |
|---|---|
| • 总销售：提高 6%<br>• 按时派送：在 30 分钟内送达率达 100%<br>• 派送成本：销售的 6%<br>• 按时交货率高于 97.5%<br>• 客户保持率 94% | • 在预先定好的时间内将烘焙产品送到商店<br>• 更新陈列<br>• 带回破损的或过期的产品<br>• 与商店经理或店主保持联系，鼓励他们订购新产品或更多产品<br>• 管理来自商店经理或店主的问题或投诉 |

| 业务现状 | 绩效目标<br>（成果与行为） |
|---|---|
| • 总销售：提高 2%<br>• 按时派送：在 30 分钟内送达率达 100%<br>• 派送成本：销售的 6%<br>• 客户保持率：89% | • 按时派送烘焙产品<br>• 更新陈列<br>• 带回破损的或过期的产品<br>• 不经常鼓励商店经理或店主订购新产品和更多产品<br>• 对问题和投诉的处理不能让商店经理或店主满意 |

| 组织外部因素 | 组织内部因素<br>（组织能力） | | 员工自身因素<br>（个人能力） |
|---|---|---|---|
| | 在客户控制范围之外 | 在客户控制范围之内 | |
| • 社区人口稳定 | • 关于新产品好处的信息不足<br>• 关于新产品将如何提高商店销售的信息不足 | • 在独立解决投诉时没有足够的权力<br>• 配送代表的直接经理提供的指导不足 | • 技能不足以：<br>— 描述新产品将如何提高商店的销售和利润<br>— 通过提问来理解投诉的细节<br>— 形成具体的措施来解决商店经理或店主的问题 |

图 8.4　东北区配送代表的差距地图

## 获取原因数据的捷径

1. 如果需要原因信息，就在你获取绩效目标与现状数据的同时去获取。
2. 与工作群体中的员工代表样本进行焦点小组访谈。虽然焦点小组访谈需要有技巧的引导者，以及设计良好的过程来获取信息，但在时间很关键的时候，使用它是一种高效的方法。

3. 用电子调查问卷来获取原因数据。为了获得要用于调查问卷的内容，可以对来自员工群体中的一些人进行访谈，识别他们最常遇到的障碍和促进因素。然后进行问卷调查，通过内部邮件将调查问卷发送给员工。用电子方式来进行问卷调查，便于问卷的回收，也可以容易、快速地进行统计。

## 本章要点

1. 有三类原因因素：组织外部的、组织内部的和员工自身的。一般是这些因素的一些组合造成了当前的业务和绩效上的差距。

2. 原因和症状不同：症状是尚不明确且还不能采取措施的问题的指标。原因则提供了明确性，可以针对它来实施解决方案。

3. 数据漏斗用于解释发现。使用数据漏斗可将发现和模型转化为结论和解决方案。你要将发现和模型向客户展示。要与客户讨论和明确结论，就拟采取的解决方案达成一致。

4. 解决方案与一个或多个识别的原因相关。用“匹配度、经济性、可行性和组织的接受程度、个别员工的接受程度”五个标准来判断要向客户建议哪些解决方案。

没有实施的解决方案对组织没有价值。在制定实施解决方案的行动计划上要发挥引导作用，当客户在已经达成一致的解决方案上没有进展时，要大胆地指出来。

## 下 载

这里列出了支持本章内容的工具。工具可以从 Berrett-Koehler 网站购买和下载。下载指南请见第 238 页。

- 根本原因分类
- 差距与原因分析调查模板
- 针对原因的可能解决方案
- 解决方案选择工作表

# 第 3 阶段

# 实施和测量解决方案

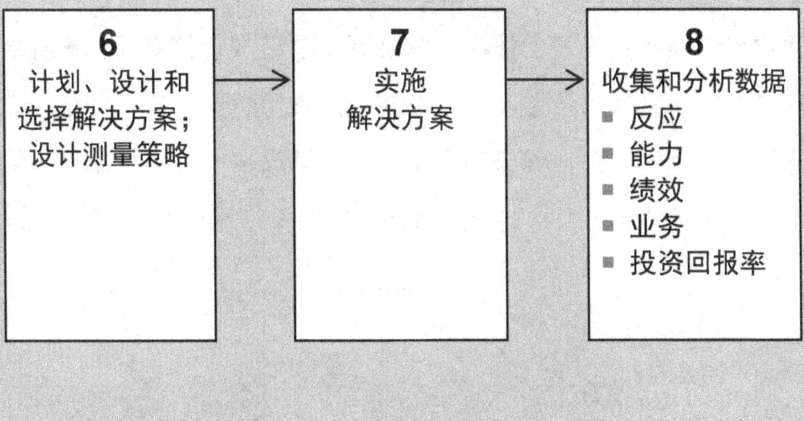

本书的这部分包括以下三章：

**第 9 章：校准和测量模型**

现在解决方案已经选择，在实施之前，是时候制定整个项目如何测量的计划了。本章介绍了校准和测量模型。该模型是一个框架，常被用来制定全面的测量战略，用以测量可能包含在绩效咨询项目中的五个层级的结果。

**第 10 章：数据收集计划的制定与实施**

本章介绍了制定测量战略及支持该战略的数据收集计划的过程和技巧。数据收集计划要求识别已达成的结果、使用的方法、数据收集的时间和来源。文中的案例分析提供了如何用五个层级的结果来评估复杂绩效咨询项目的影响的例子。

**第 11 章：确定投资回报率**

绩效咨询项目的投资回报率经常被看作项目成功的最终测量标准。本章分享了用以识别项目收益及由收益转化成货币价值而要求的技巧。文中还讨论了如何识别以汇报投资回报率（客户认为将投资回报率作为测量标准是可靠而准确的）为目标的绩效咨询项目的单位总成本。

# 第 9 章

# 校准和测量模型

“可测量的才可管理。”

——彼得·德鲁克（Peter Drucker）

前面提到，我们将绩效咨询定义为通过提高人力和组织绩效来产生业务结果的战略过程。我们发现，在大多数情况下，绩效顾问虽然仔细地完成前端分析、确定差距、探求原因、实施解决方案等流程，却没有考虑过如何去测量结果。他们认为：“我们看一下就能得知项目的实施情况”。换句话说，“感知”是他们采用的测量方式，顾问很清楚行动计划的成本，却不清楚具体收益。显然，绩效顾问与客户在用不可靠的信息和主观看法去判断行动计划的影响，会使自己在客户心中的专业性大大降低，对自己不利。

我们知道，管理者一直努力寻求测量方法来监控业务结果。对大多数管理者来说，结果的测量是必要且必需的。让我们深入看看客户想要测量的信息类型，进一步考虑我们要如何提供这些信息。

## 客户想要测量的信息

2010 年，投资回报率研究所（ROI Institute）进行了一项研究，来调查高管们对非资本支出的项目是否成功测量的个人看法，如咨询、学习与发展、人力资源、沟通和公共关系。来自《财富》500 强的 96 名 CEO 填写了这项研究中所示的调查内容（见表 9.1）。这些高管们回答了其组织中正在进行与将要进行的项目是否收集或需要收集测量信息，最后，用 1~5 的分数对数据进行评分，1 分表示对他们价值最大，5 分表示价值最小。

表 9.1 高管对测量数据的看法

| 测　　量 | 高管们当前收到的数据 | 高管们希望将来收到的数据 | 高管们对这个测量重要性的评分 |
|---|---|---|---|
| 1．反应："员工对解决方案和行动计划的认可度非常高，我们的平均分是 4.2 分。" | 53% | 22% | 5 分 |
| 2．能力："至少 95%的参与该行动计划的人知道他们必须做什么才能取得成功。" | 32% | 28% | 4 分 |
| 3．绩效："该行动计划是合适的，并且按计划执行。员工表现出了我们期望的绩效，我们也获得了需要的组织方面的支持。" | 11% | 61% | 3 分 |
| 4．业务："我们为变革所制定的两个关键业务指标正朝着期望的方向发展。" | 8% | 96% | 1 分 |
| 5．投资回报率："在该行动计划的实施后我们取得了 38%的投资回报率。" | 4% | 74% | 2 分 |

根据对该调查结果的分析，关键的发现如下：

- 接受调研的大多数高管对“业务”（评分为 1 分）和“投资回报率”（评分为 2 分）数据感兴趣。
- 他们最可能获得的信息集中在“反应”（评分为 5 分）和“能力”（评分为 4 分）上。

显然，高管们想要的关于结果的信息与他们实际收到的信息差异很大。所以，对绩效顾问来说要求也很明确：我们必须向高管们展示行动计划带来的业务提升，并且说明执行流程的可靠性。同时，我们必须接受来自“投资回报率”的挑战，以高管们想要的方式来提供数据。

基本上，客户想知道以下几方面的信息：

1. 实施解决方案之后，其结果针对现状而言有什么具体的改变？
2. 行动计划对业务结果有何影响？
3. 行动计划对组织来说是不是有效的投资？有回报吗？
4. 行动计划是否需要定性测量？这些结果是否通常难以用货币来衡量但又对组织的成功至关重要？
5. 如果没有达成期望的结果，主要原因是什么？

如果以上是客户的需求，我们必须思考如何获取与报告这些信息。客户通常会对发生组织变革的解决方案是否可以成功量化表示怀疑。当顾问没有考虑其他影响变化的因素时，或者报告中的成本不完全时，再或者测量中过分强调收益时，高管们就会怀疑他们收到数据的可信度。因此，当我们有测量计划时，我们要从客户的角度考虑实施。测量过程应符合下列几点。

- 简单：没有复杂、冗长的公式，不采用复杂的方法。
- 经济：所获成果值得花费该测量成本。

- 可靠、合理：从假设、方法和技巧上来说是可靠的，在理论上是合理的。
- 考虑所有因素：覆盖影响结果的所有因素。
- 灵活：可用于各种行动计划和解决方案，并可用于项目之前、项目之后和基本预测。
- 包括所有数据类型：如硬数据（输出、质量、成本和时间）和软数据（形象、员工参与程度、客户满意度、品牌意识、团队合作和企业社会责任）。
- 识别成本：行动计划的总成本，包括直接成本和间接成本。

以我们刚才所描述的方式获取测量数据可能看起来像一项艰巨的任务——但这是绩效顾问需要完成的一项任务。幸运的是，校准和测量模型将为你提供帮助。

## 校准和测量模型

校准和测量模型（见图 9.1）是一种工具，使前端评估（现状）识别的需求和可能结果（目标）的五个测量级别之间的关系变得非常清晰。这个模型的左边是我们已经熟悉的、绩效咨询心智模型中不可或缺的元素：业务需求、绩效需求、组织能力需求和个人能力需求。我们在行动计划的前期可以确定这些需求的目标和现状。

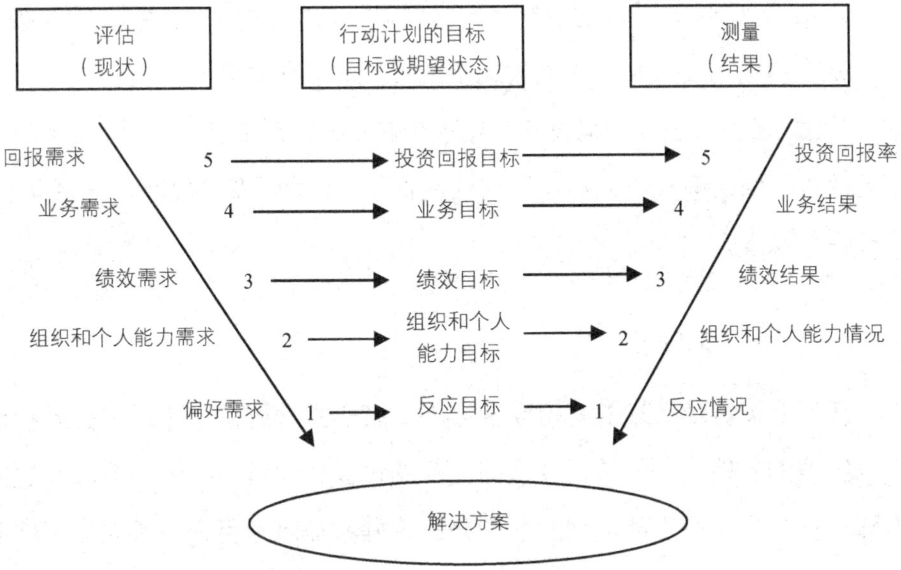


图 9.1　校准与测量模型

在这些需求中增加了回报需求（判断投资回报率）和偏好需求（为了识别目标群体对要实施的解决方案和策略的偏好）。

校准和测量模型的右边包含了可能的五个测量级别的结果。这个模型建立在多年以来一直被使用的级别概念（不同级别表示价值增值）上。例如，当我们说某物或某事进入“下一级”，这意味着新一级的价值比之前一级的更大。在看模型的测量部分时，我们看到在较高级被测量的因素与高管们认为最重要的数据是对应的。

测量的不同级别如下：

- 对所实施的解决方案的反应（第 1 级）。
- 为维持解决方案所需要的组织和个人能力（第 2 级）。
- 绩效目标的实现情况（第 3 级）。
- 与解决方案相关的业务结果（第 4 级）。

- 投资回报率，即收益与解决方案的设计与实施成本的比较（第 5 级）。

从客户的角度来看，测量进入下一级别表示价值增加。我们在本章之前描述过，客户希望得到描述一个或多个解决方案对业务的贡献（第 4 级），甚至是投资回报率（第 5 级）。下面让我们更详细地了解“校准与测量模型”中的每个元素。

## 第 1 级：反应情况

任何变革行动计划要有持续的影响，就必须得到绩效可以被提升的员工与经理的支持。人们是否会认同变革的价值和收益？是否支持该解决方案和实施流程？在变革计划的前期判断偏好并加以利用，对实现长期增值的结果至关重要。在一开始实施绩效咨询的行动计划时，就对员工和其他利益相关方的偏好进行识别并制定应对的目标，就可以获得积极的反应。例如，在一个活动结束时由参与者完成的测评，是第一级测量的一种。

## 第 2 级：组织和个人能力情况

在实施变革行动计划之前，你首先要识别造成差距（已被识别且需要消除）的原因。这些原因可能包括组织能力和个人能力。有些原因可能是组织内部影响绩效的障碍；有些原因可能是个人需要的知识和技能。接下来，你需要设定你在这两类情况下的目标。在测量个人能力时，你要评估人们是否具备那些必须充分掌握的知识和技能。这种评估可以通过测试或其他方式获得。在测量组织能力时，你要判断组织内部影响绩效的障碍是否被消除，以及组织当前形成了哪些支持系统。在测量组织能力时，你可能需要从员工或经理那里获取信息。当组织能力和个人能力都有所欠缺时，获取长期、可持续成果的概率基本为零。

## 第3级：绩效结果

在这一级，你要关注你确定的绩效改善点。人们需要在哪些方面做得更多、更好或不同？绩效目标是什么？也许这个目标是为了让人们以合作程度更高的方式工作，或者经理们可能需要向下属提供更好的指引。你要为期望绩效设定目标，然后进行测量并判断解决方案实施之后的实际绩效。通常，在评估阶段获得的信息可以看作“原始数据”。在行动计划开始后的几周或几个月后，你可以再次进行测评以确定“实施结果”。

## 第4级：业务结果

在第 4 级，你要直接关注高管们寻求的信息种类。业务需求是组织的运营目标，（几乎总是）用数字来测量的。通常有一个或多个业务需求推动行动计划。目标代表客户所寻求的业务目标，比如，将销售提升到一个具体的数额，将客户满意度提高到一定的百分比。同样，你在评估中得到的信息可以作为我们的“原始数据”，而在行动计划开始后的几周或几个月，你可以获得“实施结果”，识别期望结果的达成情况。

## 第5级：投资回报率

在开始绩效咨询行动计划之前，要确定它会有回报：是问题值得解决，还是机会值得抓住？在一些情况下，这是显而易见的。例如，如果投入很大的新产品销售额比预期低很多，那就有必要采取行动。投资回报率决定为取得期望成果而采取的解决方案上所做的投资是否会带来正面的回报，有时候回报可能不明显，如当公司期望成为“极为适宜工作的地方”时。在这些情况下，绩效顾问与客户之间需要进行讨论，确保客户可以持续地实施该行动计划。第 5 级是满足“给我看到钱”这一考核的测量，一般来说，在行动计划的前期就已经判断了其潜在的货币收益，将该收益与行动计划的估计成本相比，预计的投资回报率是否值得继续实施行动计划？如果值得，就对预计的投资回报率确定目标。在行动计划之后，再判断实际的投资回报率。

## 校准和测量的逻辑

第 10 章描述了制定数据收集计划的步骤。但是，现在重要的是要讨论校准和测量模型是如何与绩效咨询的逻辑整合起来的。你可能还记得，绩效咨询逻辑是建立在识别目标与现状之间差距的基础上的。为消除差距而启动行动计划、实施解决方案。"校准与测量"是从"差距分析"的结果信息开始，该结果信息是"校准与测量"的信息输入。校准与测量模型左侧首先是"评估"，识别现状。在设定目标之前，你必须要识别该行动计划的最终目标。例如，必须发生的业务目标是什么？组织和个人的哪些能力必须提高？在模型的中间标注行动计划的目标。校准与测量模型引导你识别必须取得的目标，然后将这些目标与行动计划的实际结果进行对比，这样，由始至终，你在绩效咨询行动计划的工作中都能体现出目标和现状的逻辑。

校准与测量模型还表明了这一级别的结果如何影响下一级别的结果。例如，如果要发生绩效的提升，那么就必须提高组织和个人的能力；如果结果要对业务产生积极的影响，则必须有绩效的提升。如果没有发生预期的业务结果，那么这种关系链是在哪里"断开"的呢？是在哪级上的结果没有达标？这是需要我们思考的。这个模型要求你和客户一起，开始在解决方案上投资之前就确定目标。这么做有助于确保你和客户在开始绩效咨询行动计划时达成共识。

## 校准与测量模型：如何应用

黛博拉是一家大型健康与生命保险公司的绩效顾问，该公司已经有将近 80 年的历史，其客户遍布北美的家庭。公司专注于健康与生命保险产品，被认为是具有创新性的、低成本的健康保险提供商，近几年发展速度迅速。

约翰是运营部的执行副总裁，他是黛博拉的客户之一。有一天他和黛博拉讨论他对保险理赔专员的两点忧虑。公司有 950 名员工涉及客户及医疗服务商提交的索赔申请的流程及审核。理赔专员审核有争议或需要审计的理赔单。第一个问题是理赔专员的效率在过去三年保持不变，尽管他们尝试了很多方式来提高效率。第二个问题是理赔专员增多，现有的办公场所已经容纳不下。考虑到公司的持续增长，可能需要一座新的办公楼。约翰希望降低每年的办公成本，平均大约是每人每年 17 000 美元。他还希望提高效率，选择每位理赔专员每天处理 33.2 个单子。他们达成共识，让黛博拉进行原因分析来判断效率低的主要原因，以便制定合适的解决方案。

### 原因分析

黛博拉约见了理赔专员和他们的经理。通过访谈她了解到，许多员工通勤时间很长，结果到了办公室就已经很疲惫，甚至缺勤。她还发现，办公室太过拥挤，因为干扰、噪声和空间的不舒适妨碍了工作效率。黛博拉和约翰开会讨论她的评估结果并一同探讨了在家办公方案的可能性。他鼓励黛博拉继续寻求“在家办公”的实施方案。黛博拉研究了相似组织在家办公的实施方案，以便了解这种方案的成功需要什么以及可能的回报是什么。她了解到用这种方法的组织：

- 办公空间成本下降。
- 生产力提高。
- 缺勤减少。

显然，这种解决方案可能有多个显著回报。黛博拉继续她的评估，为了保证“在家办公”解决方案实施顺利，是否还需要考虑其他的方面。

- 绩效需求：员工需要以独立的方式开展工作，并且在家办公的时候效率要高。管理者需要远程提供指导和辅导。
- 组织和个人的能力需求：员工需要提高独立操作的技能和信心。他们的工作环境应没有干扰，并且具备成功所需要的技术和工具。

## 行动计划的目标

黛博拉与约翰开会，就实施在家办公方案达成一致。使用校准和测量模型，黛博拉与客户确定了这个行动计划的目标（见表 9.2）。

表 9.2　在家办公行动计划的目标

| 第 1 级：反应目标 |
| --- |
| • 理赔专员对在家办公行动计划满意，认为这是重要和有益的。 |
| • 经理认为在家办公是必要的、合适的和重要的。 |
| 第 2 级：组织和个人的能力目标 |
| • 理赔专员认清在家办公的现实，包括条件、角色和工作规范。 |
| • 理赔专员有在家办公的纪律和韧性。 |
| • 经理能够解释公司对在家办公的政策和规章。 |
| • 管理者有远程管控的能力。 |
| • 具有在家办公的场所和设备。 |
| • 在家办公的场所没有干扰，没有互相冲突的需求。 |
| 第 3 级：绩效目标 |
| • 经理和理赔专员开会讨论政策、预期行为及后续步骤。 |
| • 愿意在家办公的理赔专员的数量足够多。 |

续表

- 理赔专员在家中可以有效地工作。
- 管理者能够有效地远程管理理赔专员。

第4级：业务目标

- 每人办公室的费用在六个月内降低20%。
- 工作效率在六个月内提高5%。
- 员工离职率在六个月内减少12%。

第5级：投资回报目标

- 实现25%的投资回报率。

## 解决方案的实施

为了成功实施在家办公方案，需要以下措施：

- 设计和实施沟通策略。
- 制定理赔专员申请在家办公及评估其是否具备在家办公条件的流程。
- 准备并实施面向理赔专员和他们经理的培训课程。
- 为在家办公的理赔专员准备电脑和相关系统，确保他们能像在办公室中那样工作。

## 结果

黛博拉回到校准和计量模型来协助指导工作。她测量了该模型中的五个级别，从反应开始。

**第1级：反应**

反应数据集中关注理赔专员和他们经理的反应。从分发员工的调查问卷当中收集了以下四个具体的测量数据：

- 对新工作安排的满意程度。
- 理赔专员认为新方式对他们成功工作的重要程度。

- 新机会对工作的回报程度。
- 在家办公机会对工作动机的影响。

来自员工角度的反应数据在上述几项的平均分是 4.4 分（满分 5 分），5 表示最正面的评价。另外，从经理那里获得反应数据以及他们预计的该行动的价值——经理是否认为在家办公方案是必要、合适并有益？由此得来经理的平均评分是 4.2 分（满分 5 分）。

**第 2 级：组织和个人的能力**

表 9.2 列出了测量的几个学习目标。在一次培训中，经理们开始练习如何与志愿在家办公的员工进行四类绩效的讨论。培训的引导者需要确认每个管理者是否已经成功地展示了进行这类交谈的能力。“经理们为员工讲解政策时是否具有自信心”的评分为 3.9 分，总分 5 分；引导者肯定，除一位经理外，其他所有经理都成功地展示了作为这次培训重点的绩效讨论。

在对理赔专员的培训结束时，他们被要求对自己的执行信心和能力进行自我评价。理赔专员的自我评价超出了来自员工的 5 分制测量的预期，平均分为 4.3 分（满分 5 分）。

关于组织能力，95％的员工报告说，他们在家的工作场所是没有干扰和冲突的。最大的障碍是有 18％的理赔专员认为获得的管理支持不足，其次是办公室的其他工作人员的支持不足。这些发现为黛博拉和约翰提供了一个机会，得以在这些问题变得更普遍之前就将它们解决。

**第 3 级：绩效**

在这个行动计划开始之后的三个月，经理和理赔专员们同时完成一个调查问卷。比较两个来源的数据发现，93%的经理确实与员工开会来谈论在家办公的需求，在管理政策得当上的平均得分为 4.1 分（满分为 5 分）。

理赔专员在“在家工作有效率”上的平均得分为 4.3 分（满分为 5 分）。但是，有一点令人有些失望：部分经理远程管理员工的能力薄弱，整体得分为 3.8 分（满分为 5 分）。

**第 4 级：业务**

与此同时，业务数据也要同步监测，其中包括三个测量：效率、办公室的费用和离职率。表 9.3 显示了业务改进前和业务改进后的数据；业务改进后的数据是在项目开始六个月后获得的。两者的区别显著表明三个测量维度上的明显改善，超出了项目目标。将这些数据识别出来并单独列在项目上之后，分析就进入下一步：将数据转化为货币价值。

表 9.3 业务结果

| 业务测量 | 改进后数据 | 改进前数据 | 改　变 | 参与者的数量 |
|---|---|---|---|---|
| 每人每天处理理赔单的数量 | 35.4 个 | 33.2 个 | 2.2 个 | 234 人 |
| 人均办公室费用 | 12 500 美元 | 17 000 美元 | 4 500 美元 | 311 人 |
| 年度离职率 | 9.1% | 22.3% | 13.2% | 311 人 |

**第 5 步：投资回报率**

投资回报率是将货币效益与行动计划的总成本相比而得到的。在家办公这个行动计划所实现的投资回报率是 25%。（关于如何计算绩效咨询行动计划的成本和回报的具体信息，在第 11 章中有介绍。）

校准与测量模型为黛博拉、她的团队和她的客户评估复杂的情况、决定合适的解决方案以及实施有效的测量和评价提供了一个概念性的框架和实用的指导。

## 本章要点

1. 对绩效咨询行动计划所实现结果的责任明确与测量，要由绩效顾问与客户共同承担。

2. 当客户在寻求项目的业务影响与投资回报的测量数据时，绩效咨询顾问在条件允许的情况下，有责任将客户的该种需求包括在项目进程之内并尽可能提供数据。

3. 校准与测量模型是一种框架模型，说明了评估过程中得出的需求与实施解决方案之后得出的成果之间的联系。同时，还可以说明评估阶段识别需求与实施解决方案之后，取得的成果之间的因果关系。它还确保你和客户在行动计划开始之前有达成一致的期望目标。

## 下 载

这里列出了支持本章内容的工具。工具可以从 Berrett-Koehler 网站购买和下载。下载指南请见第 238 页。

➤ **校准与测量模型**

# 第 10 章

# 数据收集计划的制定与实施

“如果你不清楚自己要去何处，那请你小心，并做好无法到达的准备。”

——尤吉·贝拉（Yogi Berra）

多年前，我们向一家实施主管培养项目的公司提供咨询服务。如果那时，我们可以仔细体会上面这句名言的内涵该多好。当时客户请我们判断衡量项目的影响，我们疏忽了，在没有界定清楚影响的定义之前，就开始去衡量我们自以为是的“影响”——绩效改变的信息数据（第 3 级）。数据证实，绩效需求数据的改变很显著，但是，在后来我们与客户开会审查交付结果的时候，他们却直截了当地说：“这些信息对我没用。我想要知道的是项目是如何使我们的业务受益的。投资回报率是多少？”大家可以想象一下，当我们听到客户这样的评价之时有多意外。这件事情给我们上了重要的一课：在需要测量行动计划的结果时，你先要与客户就具体要测量什么达成共识，然后制定一个数据收集计划来获取需要的信息。

看一看图 10.1 中的绩效咨询过程。在第 5 步中，作为绩效咨询顾问，你需要主持数据报告会议，与客户就即将实施的解决方案达成一致。并且，你需要强调准确测量该解决方案影响的重要性。在第 6 步中，你要制定一个行动计划来设计并实施这些解决方案，当你和客户就测量策略达成一致时，还要根据校准与测量模型的逻辑创建一个测量策略。其中包括：

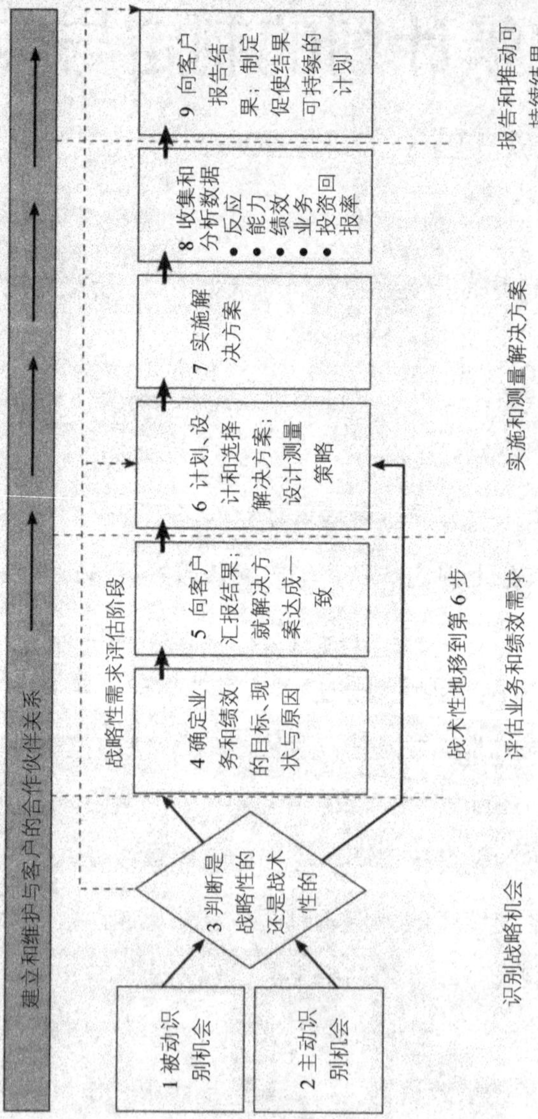


图 10.1 绩效咨询流程

- 要实现的、作为行动计划的结果（是什么）。
- 用于测量这些结果的方法（如何）。
- 数据的来源（谁）。
- 数据收集的时间（何时）。

虽然大部分制定计划的工作是由绩效咨询顾问完成的，但客户提供的前期输入信息与对计划的认可，也是这个过程中不可或缺的一环。最终达到的结果就是：绩效咨询顾问清楚地知道，与客户就解决方案和结果的测量方法用什么来达成一致，如何达成一致，何时并与谁达成一致。这样就可以避免多年前的问题再次发生。

## 有效测量的指导原则

在我们开始讨论五个级别测量模型细节时，为了能够有成效地收集可靠数据，我们先提出一些指导原则。

1. 收集并获取终极目标以下所有级别的数据。换言之，如果你的客户最终需要获得第 4 级（业务）信息，那就设计一个系统，同时收集第 1 级（反应）、第 2 级（组织和个人能力）、第 3 级（绩效）与第 4 级的信息。通过这些数据，绩效顾问就可以将业务结果与解决方案联系到一起，同时，也可以诊断业务结果（第 4 级）不尽如人意的原因：是因为员工没有学会（第 2 级）？或者因为组织现状阻碍了技能的应用（第 2 级）？还是行为改变得不够（第 3 级）？从回答这些问题的过程中，你与客户可以获取所需信息，采取正确的行动来实现结果改善。
2. 收集数据，应该从行动计划早期阶段开始规划。这样，你可以不断测量计划向最终目标发展的过程，如果过程令人不满意，就要及时诊断原因并采取纠正性措施。

3. 使用多个信息来源与收集方法获取数据，以便同时报告定性与定量两种实施结果。比如，第 4 级（业务）和第 5 级（投资回报率）的数据，可以使用组织已有的运营数据。避免一切从零开始。
4. 使用可信性与说服性高的数据来源与收集方法制定数据获取计划。比如，当我们的合作客户不重视调查问卷的数据时，我们就会使用“访谈”作为主要的数据收集方法，即便较调查问卷而言，访谈需要更多的资源和时间，但我们明白，为了让客户接受并认同行动计划的结果，这么做是必要的。

## 测量数据作为诊断数据

为了发现导致结果不尽如人意的原因，数据诊断是最为重要的方式。并且，数据也可以让我们知道，如何采取措施以实现并维持期望结果。下面举个例子。

几年前，我们要测量一个培养团队合作能力的行动计划的影响（第 3 级和第 4 级）。其预期的结果为：（1）人们在项目团队中具有更强的协作能力；（2）项目结果中的时效性与预算控制情况得以改善。该行动计划包括两种实施策略：一种策略是将一个完整的团队带到这个项目中，让他们一起提升技能和改进工作方式。另一种策略是让属于不同团队的人参加这个项目，从而在全公司范围之内提供相互认识与合作的机会。客户将第二种策略看作把未来可能在一起工作的人们组织到一起的一个机会。所以，首先我们被要求对参加这个项目的前 100 名参与者进行测量，后续还有几百名参与者参加该项目。

为了获取第 1、2、3 和 4 级的数据，我们设计了一个数据收集计划，向客户分别报告了一个完整的团队参加项目和来自组织不同团队的人参加项目的结果。很明显，整个团队一起参加的一组结果更好。这是因为团队成员现在都遵从共同的团队合作模式，彼此希望用这样的模式合作。所以，这种策略就用于后来的项目中。因为在项目实施的早期阶段就完成了测量调研，其结果就用于判断决定随后的最佳实施策略。毫无疑问，测量数据可以满足两个目的：肯定发生了什么、没发生什么及诊断令人不满意结果的原因，提供解决方案来增强未来影响的机会。

## 测量目标与计划：什么、如何、谁和何时

一个计划中可以包括五个级别的测量。每个级别都要有目标。当你与客户就测量目标达成一致时，你们就在行动计划的期望结果上达成了共识。测量目标就成为“标志物”。这个“标志物”对从最初问题（现状）到期望结果（目标）的进展联系起来至关重要。五个级别的测量以及每级的目标描述如下：

第 1 级：反应——判断参与者对项目提案和解决方案的重视程度如何。

第 2 级：组织和个人能力——组织能力决定期望改变绩效的员工的工作环境对期望绩效有多少支持。个人能力决定参与者在多大程度上获得项目提案带来的知识和技能。

第 3 级：绩效——判断个人在工作中表现出期望绩效的程度。

第 4 级：业务——判断组织运营结果（包括有形的和无形的）在多大程度上实现了。

第 5 级：投资回报率（ROI）——判断项目提案的具体回报，将发生的成本与取得的货币效益进行比较。

假设你已经完成了你的评估，正在判断你在每个级别上的起始位置（现状），你和客户一起决定了将要实施的解决方案。在你们开始实施解决方案之前，你制定了一个带有具体目标的行动计划。这些目标是你要完成的目标，那么，数据收集计划中要包括哪些级别则需要你来决定。比如，你的目标可能是要测量第 1 级（反应）到第 4 级（业务）。实际上，杰克·菲利普和帕蒂·菲利普发现，出于许多原因，只有 14%或更少的行动计划测量了第 5 级（投资回报率）。一个主要的原因是许多行动计划并不要求这一级的测量来肯定其价值。考虑到常规培训上的投入，完成这种行动计划投资回报率测量所需要的资源将是不必要的，因为遵守规范的价值不言而喻。没有进行第 5 级测量的另一个原因是，考虑到时间和成本上的约束，难以测量结果的货币效益。很多时候结果是无形的——例如，员工更投入了。为了帮助你更好地理解应该如何规划测量方法，让我们分别来讨论每个级别。

## 第 1 级：反应测量

第 1 级的信息，为你和客户提供了来自项目提案直接涉及的人的数据。在评估阶段中，你可以从这些人当中获得他们对解决方案的时间与方法的偏好信息。例如，如果解决方案是学习，那么参与者对学习形式的偏好是什么——网络课程、面授课程、工作辅助、手机学习、播客，还是混合式学习？越多地考虑到项目提案的意图和计划所涉及的人的偏好，实施起来就可能会得到越多的支持。在评估阶段获得的偏好数据让你和客户可以在实施项目的活动之前修订项目的具体内容。

在第 1 级测量中，你要判断个人对整体项目提案、要实现的目标及对他们参与的各项活动的反应。因为这些信息通常是在个人参加完一个活动之后立即可以获取的，所以可以将这些发现用于中途调整项目提案的战略和战术。再说一次，测量提供了诊断数据和实现目标的进展信息。表 10.1 显示了反应目标的例子、方法和来源及问题示例。

表 10.1　反应级测量

| 反应目标的例子 | 方法和来源 | 问题示例 |
|---|---|---|
| 参加这个项目提案的人将<br>• 相信项目提案与他们的工作相关且对他们的工作有利<br>• 肯定该项目提案与部门业务目标之间联系的重要性<br>• 重视他们积极参与解决方案的设计与实施（如学习或团队建设体验） | **方法**<br>• 调查问卷和访谈<br>**来源**<br>• 积极参与该项目提案的人（如员工和经理） | • 你了解到这个活动与你现在做的工作有多相关？与将来的工作呢<br>• 该项目提案对你组织的业务目标的实现有多重要<br>• 是否有什么东西让你难以实施你在工作中学到的东西 |

## 第 2 级：组织和个人能力测量

第 2 级测量同时关注组织与个人。要产生并维持绩效改变与业务影响，一些员工和经理的技能与知识通常需要提高。认识是行动的先决条件。但是，如果你的目标是要取得可持续的结果，只提高个人能力是不够的，组织必须支持并促进正向改变。例如，如果你的目标是让客服代表能够更好地回应和解决客户的投诉，他们可能需要一些额外的人际沟通与解决问题的技能，并且，他们可能还需要一个奖励激励系统来支持绩效，一个计算机系统来协助获取所需信息，必要的时候还需要主管的指导和帮助。有很多时候，个人的能力提高了，但他们新获得的技能在实际工作中却从未表现出来。这种情况通常是因为，组织的工作环境是绩效改变的障碍。记住吉尔里·鲁姆勒几年前所说的："让一个好员工和一个坏系统争斗，几乎每次赢的都是坏系统。"（Rummler & Brache，1995，p.13）。因此，在设计第 2 级目标时，要同时关注以下两个方面，这点很重要。

- 组织能力：识别你与客户达成一致的、用来支持你们所寻求的绩效改变与业务结果的组织内部因素。
- 个人能力：识别你们寻求提高的具体技能、知识和特质。

表 10.2 提供了第 2 级目标的例子、方法与信息来源。测量个人能力的其他指导原则包括：

首先，个人能力的测量要求培养项目的学习目标已经形成，以及描述行为是可观察、可测量的，指明个人在参加学习体验之后必须做什么。

其次，第 2 级测量可以包括：意识（测量对术语、概念和过程的熟悉程度）、知识（测量对概念和内容的理解）、绩效（测量展现出技能的能力）。

**表 10.2 组织和个人能力的测量**

| 组织和个人能力目标的例子 | 方法和来源 |
|---|---|
| **组织能力目标** | **组织能力方法** |
| 组织将： | • 调查问卷 |
| • 提供工作中的同伴辅导 | • 访谈 |
| • 为担任关系管理职位的人澄清角色和职责 | 来源： |
| • 让访问客户资料库中的数据变得容易 | • 员工 |
| **个人能力目标** | • 经理 |
| 参加培养项目的参与者将能够： | （注：就像原因数据一样，最可靠的信息来源是在所关注的组织环境中工作的个人。） |
| • 在标准的时间内展示每种软件的使用 | |
| • 描述部门新战略的六个支柱 | **个人能力方法** |
| • 在新产品的特性和优点测验中得分在 80 分或以上 | • 测验（书面形式并基于绩效） |
| | • 在模拟或实际环境中观察 |
| • 成功完成领导力模拟 | **来源** |
| | • 参与培养项目的个人 |

前面提到过，调查问卷和访谈是测量组织能力时可用的最佳方法。撰写调查问卷更可以在获取数据信息的同时降低成本、节约时间。让参与者在结束他们参加的培养项目后立即完成相应调查问卷，可以让其能够理解项目内容；同时鉴于他们了解返回后将应用这些技能的组织环境，因此他们能够很好地判断是否存在组织支持。这样，在培养项目结束时获得的组织信息，就为你提供了一个机会诊断是否有潜在的组织障碍。表 10.3 是可用于获取这类信息的一种调查问卷的例子。

表 10.3　组织支持调查问卷示例

| | 不适用 | 强烈不同意 | 不同意 | 有点不同意 | 有点同意 | 同意 | 强烈同意 |
|---|---|---|---|---|---|---|---|
| 1．我具有足够的关于我们的产品和服务的信息，可以有效地执行我的工作 | NA | 1 | 2 | 3 | 4 | 5 | 6 |
| 2．我具有足够的关于我们竞争对手的产品和服务的信息，可以有效地执行我的工作 | NA | 1 | 2 | 3 | 4 | 5 | 6 |
| 3．我的经理指导我如何应对我遇到的新顾客和棘手的顾客 | NA | 1 | 2 | 3 | 4 | 5 | 6 |

前文提到，测验和模拟是获取个人能力信息的优秀方法。关于开发测验和模拟有许多资源，我们在这里就不再讨论，但是，此时我们要注意，与具有创建测验和模拟知识的教学设计者等人合作是十分重要的。

## 第 3 级：绩效结果的测量

你和客户是否想知道员工和经理的实际工作是否产生了绩效改变？人们是否表现出目标成就与行为？如果这是你的问题，你就要在第 3 级进行测量。

实质上，你要将个人在解决方案实施之后的实际绩效，与你和客户确定的目标绩效进行比较。因为第 3 级的测量本质上是对当前状态的测量，所以许多用于评估阶段获取现状信息的方法也可用于第 3 级的信息测量。例如：

- 大多数可靠的数据来源是要改变绩效的员工。来自这些员工的数据，可以用源自他们的经理、顾客和其他直接观察员工的人的信息来补充。
- 数据收集方法可以和评估阶段的方法类似。通常，第 3 级的调查问卷实际上是评估阶段调查问卷的修改版。用于测量绩效结果的访谈和焦点小组草案通常也与用于评估步骤的类似。
- 如果在解决方案实施之前进行现状评估，评估的结果就作为前数据，可以和后数据进行比较。有多大的进展？你离你的人力绩效目标有多近？

表 10.4 提供了第 3 级测量目标、最佳方法和信息来源的例子。第 3 级测量的目标是识别可观察的行为和决定如何获取关于当前工作绩效的可靠信息。记住，第 3 级测量决定的是目标绩效在多大程度上表现出来。

**表 10.4　绩效结果的测量**

| 绩效目标示例 | 方法和来源 |
|---|---|
| 作为本项目提案的结果，销售代表将：<br>• 通过与客户谈判，达成可提高组织利润的销售<br>• 对他们负责的区域进行竞争分析，确定克服这些竞争威胁的策略<br>作为本项目提案的结果，客户代表将：<br>• 管理谈话，并专注于确定客户的需求以及如何进行回应<br>• 同时执行多项任务<br>• 在客户第一次联系时就解决客户的问题，避免客户再打电话 | **方法**<br>• 面对面的访谈<br>• 调查问卷<br>• 观察<br>**来源**<br>• 绩效需要有所改变的个人<br>• 可以直接观察到这些人的其他任何人，包括主管的经理、同事和客户 |

## 第 4 级：业务结果的测量

当我们进入第 4 级测量时，我们就进入了客户密切关注的空间。就像我们在第 9 章中提到的，许多领导者认为，这部分信息是他们需要收集的最重要的测量数据——但很少有人收集到这类信息。第 4 级的数据表明组织在实施解决方案之后在多大程度上实现了目标。业务结果的测量通常用数字来汇报。目标的测量是量化的，较容易转换为货币价值。它们：

- 关注输出的测量（销售、新客户、生产）。
- 关注质量的测量（错误、浪费、返工、意外事故）。
- 关注成本的测量（每名患者的成本、劳动力成本、成本）。
- 关注时间的测量（循环时间、处理时间、等待时间、响应时间）。

还有一些其他的业务结果在本质上比较主观。虽然这类结果可以用数字测量，但测量的依据更依赖于应答者的感知，而不是客观测量。然而，对许多领导者来说它们仍然是重要的结果，比如：

- 客户服务（客户满意度、品牌、形象）。
- 工作环境（组织环境、压力、团队合作）。
- 工作满意度（有意义的工作、职业发展、工作提升）。

在进行第 4 级测量时，关键是要确定解决方案、工作绩效与业务结果之间的因果关系。用差距地图来显示目标业务结果与目标绩效要求之间的关系，是表明这种因果关系的一种方式。还有很重要的一点是要肯定组织提供的支持。例如，是否修改了奖励制度来鼓励所需要的绩效？是否购买了新工具和设备来帮助员工工作？为了让客户认为测量结果可靠并接受它们，必须做到下面两点。

1. 你和客户就实施的解决方案、期望的绩效和应发生的业务结果之间的联系达成了共识。

2．你的测量报告肯定了为取得这些结果而实施的整套解决方案，任何一个单独的解决方案都不能成为改变的原因。想一想飞机——它能飞起来是因为有发动机还是因为有翅膀？哪个最重要？显然，它能飞是因为这些部分都按照需要工作，所以汇报来自绩效改进举措的结果时，也是如此。结果的产生是整体的努力。但你要知道每部分的贡献也很重要，这样你才能知道哪个解决方案表现得最好、哪个解决方案表现得不好，将资源分配到这些部分上，确保整体表现最优。

表 10.5 提供了第 4 级的目标、方法和用于获取这类信息的来源。在这个级别，有一个重要且必要的步骤：将项目的影响从数据中抽离出来。完成这一步的方法将在第 11 章中讨论。

表 10.5　业务结果的测量

| 绩效目标的例子 | 方法和来源 |
| --- | --- |
| 项目开始六个月之后：<br>• 部门的缺勤减少 22%<br>• 产品缺陷的平均数量从每月 214 个减少到每月 53 个<br>• 新开账号的平均数量将提高到每月 350 个<br>• 每个销售代表的平均销售量提高了 12% | **方法**<br>• 审查组织已经获得的运营数据<br>• 访谈要求汇报所需运营数据的客户<br>**来源**<br>• 当前的运营数据。可能的话用已得到的数据<br>• 必要时找到履行角色的人，直接从他们那里获得关于个人结果的信息 |

## 第 5 级：投资回报率的测量

第 5 级通常被视为测量的黄金标准。谁不想向客户汇报特定项目的投资带来了重大的回报？适合这一级测量的活动：

- 与组织的战略性项目有密切的联系。
- 在时间和金钱上的投入很大。
- 在组织中是高度可见的，甚至可能是有争议的。
- 面向的目标群体大，如组织中的所有员工。
- 能赢得高管的兴趣。

在测量投资回报率时，你需要计算两个数据：

- 项目效益的货币价值。
- 项目成本的货币价值。

当这两个数据已知时，计算投资回报率就很简单了。下面是计算投资回报率的标准公式：

$$\text{投资回报率（ROI）}=\frac{\text{效益的货币价值}-\text{成本的货币价值}}{\text{成本的货币价值}}\times 100\%$$

投资回报率百分比为 0，表明成本与效益相同，这是收支平衡的结果。50%的投资回报率表明，每投入 1 美元，就能在收回项目成本后再额外得到 0.50 美元的回报。虽然实际的计算很容易，但挑战在于获得所需效益和成本的货币价值，并且要以客户认为可靠的方式来获得。

第一步是要与客户就 ROI 测量是否对理解项目对组织的全面影响很重要达成共识。然后你要设定一个你和客户都认为是务实的、可实现的 ROI 目标。这可以用百分比来表示，如 ROI 25%为目标。要记住，最好的 ROI 目标：

- 包含与项目绩效目标相关的测量。
- 用组织已经获得和报告过的业务结果测量。
- 用客户重视的测量。

下面是确保生成汇报的 ROI 数据被认为可靠的额外原则：

1. 在短期解决方案的 ROI 分析中应只用第一年的效益（年化）。
2. ROI 计算中不应该包含极端的数据项和无法支持的主张。
3. 项目的成本应该全部计算在内。如果有疑问，也要将该项成本包含进来！

第 11 章提供了更多关于判断效益和成本的货币价值及 ROI 计算的内容。

## 技术的应用

幸运的是，技术的应用可以让测量数据的收集、分析和报告更容易。最好通过检查不同的级别来描述什么是通常使用的方式。经常说到的第 0 级涉及计算各个项目和项目集中的人、人数统计、涉及的时间及成本。学习与发展团队的大多数学习管理系统都能收集这类数据。对人力资源部门来说，可以用人力资源信息系统或人力资本管理系统来获取这些数据，特别是 Oracle 和 SAP 实施的系统。对于第 1 级（反应）数据，有多种问卷调查软件可以帮忙。这可能可以连接到学习管理系统，也可以是像 SurveyMonkey 或 Qualtrics 这样简单的软件。对于第 2 级（组织和个人能力）可以用调查问卷；也有一些软件可以帮助设计问卷和报告。test.com 就是一个例子。对于第 3 级（绩效）和第 4 级（业务），则有许多选择，包括 ROI Navigator。这个软件可以获取不同级别的数据，包括第 4 级和第 5 级要求的分析。Qualtrics 和 SPSS 也能满足这个需求。对于第 5 级的分析，Vestrics 可以提供工具来进行分析和报告结果。

有一点要注意。可用的技术非常多，挑战在于要选择最适合你的组织和需求的技术。好消息是，技术工具已经存在，并且可以根据这里所描述的过程来修改。

## 罗宾逊夫妇的逸事

1977 年，达纳在宾夕法尼亚州费城的一家银行担任培训与发展部门经理。她的经理是人力资源主管，给她分配一项任务，让她负责提高 350 名一线主管在领导、激励和管理员工方面所需的技能。她确定 DDI——匹兹堡一家人才管理咨询企业——开发的一门名为“交互管理”的课程是最优的。她完成了让 350 人参加这门课程的成本分析。当她的经理看到她的文档时，脸色变白了。显然，成本超出了他的预料！他告诉她：“我将支持 50 名主管参加这门课程。如果你能向我们证明它有效，我们将向其他所有主管提供这门课程。”达纳对她的经理说：“我能做到这点。”但是，回到办公室后，达纳的想法更多地变成：“我到底怎么做到呢？”于是，她打电话给 DDI 解释她的情况并寻求帮助——毕竟，如果 350 名主管都能参加，DDI 也将受益。DDI 同意提供帮助，并派出开发该课程的顾问。他的名字是吉姆·罗宾逊。现在你知道吉姆和达纳是如何认识的了——通过测量的研究！吉姆和达纳设计了一个控制和体验的研究。350 名主管中只有 50 名参加课程，所以很容易分成两个组并控制许多变量，包括这些主管的经理。他们在第 2、3 和 4 级对结果进行测量——在每个级别上都是巨大的成功。证据很清楚，主管不仅获得技能，还将它们应用在工作中。在这家银行，测量业务结果的部门，比如分支机构，经营结果比没有参加培训的对照组的个人成绩要好得多。结果：达纳让所有主管参加培训的预算得到了公司的拨款。而且在 1982 年，达纳和吉姆结婚了。看起来对结果进行测量确实大有益处！

## 测量结果：如何做

城市交通局（Metro Transit Authority，MTA）在一个大都市地区运营着一个全面的交通系统。超过 1 000 辆公交车定期运营，为到该城市区域的市民提供基本交通。许多乘客依靠公交车来通勤和其他基本的旅行。MTA 雇用了逾 2 900 名司机，全天 24 小时运营这个公交车系统。

但是，MTA 的公交车司机缺勤率很高，而且问题还在恶化。三年前的缺勤率为 7%。现在缺勤率已经上升到 8.7%。为确保公交车准时发车，MTA 雇用了一些候补司机来填补意外缺勤，替补司机数量是缺勤率的一个函数。在本次调研的时候，这个替补池里有 231 名替补司机。虽然这有助于确保每条路线都有司机，但也带来两个问题：

- 当替补池中的司机不需要替换别人时，他们几乎不能为 MTA 做实质性的工作。因此，他们拿取薪水，对组织的回报却有限。
- 用替补司机时，公交车的时间安排通常会有延迟，因为固定司机意外缺勤之后需要时间来组织替补司机。这通常意味着这条路线的公交车在很多站晚点。

### 评估缺勤的原因

运营副总裁决定解决缺勤问题，防止它进一步恶化。他联系了人力资源分析的主管，请他一起解决这个业务问题。他们决定和一些司机及其主管进行焦点小组访谈。他们还检查了人力资源的记录来识别其中的模式和趋势。从原因分析中他们判断出下列几点：

- 公交车司机请假的后果有限。现有的开明的纪律系统对主管来说很难用。因此，这就导致很容易忽视特定员工的缺勤问题。
- 经常缺勤的员工在第一份工作的时候就养成了缺勤的习惯。在检查记录时，这种习惯在他们以前的工作中就有了，所以在招聘的时候就可以知道。

有了这些发现，运营副总裁同意实施两个解决方案：

- 实施无过错纪律系统。有了这项政策，在六个月内发生意外缺勤超过六次的员工将被解雇——不问任何问题。超过一天的病假将视为一次意外。因此，这项政策不会不公平地惩罚那些因正当病假或安排了手术和其他医疗而缺勤的人。在与工会进行了多轮谈判之后，无过错系统实施了。当工会官员认识到大量缺勤造成的问题的影响之后，他们同意了新政策。
- 修改了新司机的甄选过程。在最初的筛选中，用一系列问题来筛掉在高中时就有缺勤历史的申请者。这些问题，加上评分和解释，被加到当前的甄选过程中,面试过程大概需要增加额外的 30 分钟。

### 解决方案的实施和数据收集计划

MTA 决定让主管与他们的员工开会来解释为什么需要这项新政策，以及将在组织当中如何应用的问题。人力资源部门的招聘者接受培训，对司机职位的申请者问更多问题，以便判断申请者之前的工作经历中是否有缺勤表现。主管接受培训，沟通和实施无过错政策。他们还接受了这两个方案有效实施能带来的经济效益的教育。

公司决定在全部五个级别上对该行动计划进行测量。表 10.6 总结了人力资源分析主管制定的且经运营副总裁同意的这个计划。

表 10.6 MTA 的数据收集计划

| 业务目标：减少司机计划外缺勤 | | | | |
|---|---|---|---|---|
| 本级目标 | 测　量 | 数据收集方法和工具 | 数据来源 | 时　机 |
| 1 反应/满意度<br>司机对无过错政策的正面反应 | 来自司机的正面反应 | 问卷调查 | 司机 | 在介绍计划的员工会议结束时 |
| 2 个人和组织能力<br>员工对无过错政策的理解 | 在测验之后的评分为 70 分或更高 | 是非题测验 | 司机 | 在员工会议结束时 |
| 3 绩效结果<br>• 政策有效、一致地实施和执行<br>• 当前员工对无过错政策很少有或没有负面反应<br>• 用新的甄选过程 | • 主管对该政策的反应<br>• 员工的抱怨<br>• 雇用记录 | • 对主管进行跟进问卷调查<br>• 检查记录<br>• 检查面试和甄选记录 | • 主管<br>• 公司记录<br>• 面试和甄选记录 | • 一个组 3 个月，另一个组 6 个月<br>• 实施之后的 3 个月和 6 个月<br>• 实施之后的 3 个月和 6 个月 |
| 4 业务结果<br>• 在第 1 年司机缺勤率至少降低 2%<br>• 在新政策实施之后对工作满意度维持当前水平<br>• 排班延迟减少，客户服务和满意度提升 | • 缺勤率<br>• 员工的满意度<br>• 延迟对客户服务的影响 | • 监测缺勤率<br>• 对主管进行跟进的问卷调查<br>• 监测公交车排班延迟 | • 公司记录<br>• 主管<br>• 派遣记录 | • 每个月监测，在实施之前和之后一年进行分析<br>• 在员工会议之后的 3 个月和 6 个月<br>• 每个月 |
| 5 投资回报率<br>目标投资回报率为 25% | • 缺勤率降低的货币价值<br>• 解决方案的成本 | • 货币价值除以解决方案的成本 | • 公司记录 | • 实施之前和之后 1 年 |

### 第1级到第4级的结果

第 1 级（反应）的问卷调查是在向司机介绍计划的员工会议结束时进行的。超过78%的司机认为无过错纪律系统公平、公正。

第 2 级（组织和个人能力）的结果来自在解释政策的会议结束时进行的是非题测验。测验表明，超过90%的员工理解政策。

关于第3级（绩效），问卷调查是针对主管进行的。结果表明，主管已经实施了这项政策，并且一直保持这么做。他们还报告说新政策管理起来的时间比之前少。对面试和甄选记录的审查表明，对每个申请者进行的面试用了新的甄选过程来识别可能有缺勤问题的申请者。

第 4 级（业务）结果在无过错政策及面试司机职位申请者时间的筛选问题实施之后监测了 12 个月。这些结果与实施之前 12 个月的结果进行比较：

意外缺勤的司机： 之前： 8.7%， 之后：4.8%。

因意外缺勤造成的公交车晚点：之前： 27%， 之后：14%。

另外，跟进的问卷调查表明，大量主管和司机对无过错政策感到满意。

### 缺勤的成本

因为业务测量的关键点是缺勤，所以必须确定意外缺勤成本的货币价值。根据替补司机员工的成本来进行分析。

替补司机和固定司机每年平均工作240天，有20天假期、节假日和病假。替补司机的平均工资是每年33 500美元，还要加上38%的员工福利。计划的替补司机的数量是预计缺勤率的一个函数。因为服务问题可能因人手不足而进一步加剧，所以MTA计划了大量的替补司机，以确保覆盖率。这会造成人员过多的情况。在上一年中，在工作日和非节假日有75%的时间发生了人员过多的情况，这意味着浪费了4 230天的时间。

在周末和节假日，发生人员过多情况的时间将近一半，意味着总共浪费了 570 天。缺勤最后一个重要的成本是重新招聘、培训、维护和管理替补司机池的成本。这一项估计为实际每年薪酬的 25%。该行动计划实施之前和之后一年的缺勤成本的比较如表 10.7 所示。

表 10.7 缺勤成本的比较 单位：美元

| 成 本 项 | 行动计划之前 | 行动计划之后 |
|---|---|---|
| 人员过多的成本，工作日 | 814 000 | 602 400 |
| 人员过多的成本，周末 | 109 800 | 51 500 |
| 人员不足的成本 | 8 670 | 4 340 |
| 招聘、培训和维护司机池的成本 | 1 934 600 | 1 287 750 |
| 缺勤的总成本 | 2 867 070 | 1 945 990 |

## 解决方案的成本

另外还要计算开发和实施新的甄选过程的成本，还有实施无过错政策的成本。

甄选过程的成本：36 100 美元

实施无过错政策的成本：31 300 美元

## 投资回报率的计算

投资回报率的公式是将效益的货币价值除以解决方案的成本。效益的货币价值是用项目实施之前的缺勤成本（2 867 070 美元）减去项目实施之后的缺勤成本（1 945 990 美元）所得的差额。这个差额为 921 080 美元。然而，假设所有差额都是甄选过程和无过错政策的结果，似乎有点不妥。当然，MTA 的高管和经理们已经采取了一些也能影响缺勤改善的措施。在与管理层讨论时，大家达成共识，认为 70%的改进是因为甄选过程和无过错政策。70%就是 644 756 美元。效益/成本比（BCR；将在

第 11 章中讨论）和 ROI 的计算如下：

$$BCR=\frac{644\ 756}{67\ 400}=9.56$$

$$ROI=\frac{644\ 756-67\ 400}{67\ 400}\times 100\%=856\%$$

当然，MTA 的高管和顾问们对这些结果都很高兴。我们还要指出，到评估期的最后三个月时，缺勤造成的公交车排班延误从平均的 27.1%下降到 13.9%。此外，还确定了几个非量化指标的测量，包括士气提高、客户服务改进、整个 MTA 系统中的瓶颈减少。

## 测量结果的捷径

下面是一些捷径，能帮助你减少测量过程中的成本。

1．在过程的早期就形成测量策略。本书所描述的校准和测量模型和数据收集计划是在整个过程中节省时间的工具。

2．用行动计划和绩效协议将数据收集整合到项目的活动和解决方案中。这确保数据收集在测量的过程是相对无缝的，不会被当成额外的事情。

3．让参与者的经理和参与者分担测量的责任。例如，要求参与者完成行动计划和绩效协议的步骤。

4．用采样来选择最合适的分析，以及对测量工作中的人数进行采样。如果你在测量中涉及几千人的项目或行动计划，只要采样 200～300 人来进行测量流程即可。

5．在推行第 4 级或第 5 级的测量时要有选择性。

6．利用软件来减少需要的时间和资源。

## 本章要点

1. 测量可以在五个级别上进行。但是，不是每个绩效咨询项目都要用到所有级别。当用到较高级别时，在较低级别也要收集数据来保证测量的完整。

2. 数据收集计划包括确定你要测量的对象、方法与来源，以及进行测量的时间。

3. 测量策略要在客户那里获得认可，需要明确期望的业务结果、员工的目标绩效，与将实施的解决方案之间的因果关系。

4. 测量数据表明目标实现的进度。可能还需要诊断计划中是否还需要其他措施的数据，以确保获得并维护项目结果。要进行这种诊断，必须进行第 2 级的测量，表明组织和个人能力如何，以及是否表现出这种能力。

5. 在决定要包含在计划中的测量级别时，要记住，在从最低级别到计划的最高测量级别上，都需要测量。

## 下 载

这里列出了支持本章内容的工具，工具可以从 Berrett-Koehler 网站购买和下载。下载指南请见第 238 页。

- 数据收集计划
- 为分析影响和投资回报率选择合适的项目
- 关于提高调查问卷响应率的技巧

# 第 11 章

# 确定投资回报率

“我要看到钱。”

——汤姆·克鲁斯（Tom Cruise）在电影《甜心先生》（*Jerry Maguire*）里的台词

你刚刚完成一个意义重大的绩效咨询项目，启动该项目是因为运营部门没有取得令人满意的业务结果。评估包括确定两个不同员工群体的目标绩效。另外，评估还确定了两个群体的绩效现状及绩效差距的原因。对评估和解决方案的投入可观。你和客户团队达成共识，应在全部五个级别上测量该行动计划。你刚刚结束与客户团队的会议，在会上你汇报了解决方案实施之后六个月的结果。结果是可观且有益的，包括18%的投资回报率，这意味着每在该行动计划上投入 1 美元，就有 1.18 美元的回报。客户认为这些发现准确、可靠。

确定绩效咨询项目的投资回报率是可行的，人们也在这么做，实际上我们已参与了几百项这类测量。要确定投资回报率，需要两个数据：项目效益的货币价值和项目的成本。但它首先要求你有强有力的证据，表明业务结果的改善是源于你执行了绩效咨询项目。这就要求你将解决方案的效果隔离出来。

## 隔离解决方案效果的方法

解决方案和业务结果之间的因果关系，可以在可接受的精确程度上建立起来。你需要在这个过程的早期用一种或多种特定的方法来隔离解决方案的效果。理想情况是，你在制定测量策略的时候已选择好方法。隔离解决方案的效果有多种方法。设计得当的话，用控制组是最可靠的方法之一。

## 控制组安排

控制组安排，或称实验设计，要用到一个参与解决方案的实验组和一个没有参与解决方案的控制组。这两个组的组成应该完全相同。可能的话，每个组应该从潜在参与者中随机选择，然后随机分配到控制组或实验组中。随机假设两个组受到相同的环境影响；唯一的区别是参与解决方案与否。来自 ROI 方法论的用户数据表明，在已完成的 ROI 研究中，大约有 30%采用了这种控制隔离方法。

控制组安排确实有一些内在的问题，使得它难以在实践中应用。第一个问题是小组的选择。控制组和实验组完全匹配，这是非常难以做到的，影响业务绩效的因素有很多，有一些是独立的，有一些是具有因果关系的。虽然随机选择假设两组会匹配得比较好，但在实际中最好是用 4～6 个对绩效影响最大的变量，如位置、经理、轮班和工作职责等。

另一个问题是实验"污染"，事实上，实验组的参与者会与控制组的人沟通。有时候控制组的成员会观察实验组的表现，并且按照他们的方式来做。当这种情况发生时，结果测量的设计就被污染了，因为咨询干预的影响传到了控制组。这种污染可以通过确保控制组和实验组在不同地理位置、不同轮班或在同一栋楼的不同楼层等方式来降低。

控制/实验设计的第三个潜在的问题与形象有关。有时候用控制组会让人觉得顾问是在营造实验室的环境，这对一些高管来说可能造成问题。为了避免这种情况，顾问通常用试点组来代替实验组。将另一个相近匹配的、不参与的组称为比较组。如果在测量的行动计划中无法用试点组，那就确定一个类似的将来会参与的组，作为比较组。这种自然存在的控制组可以用于比较两个组绩效，同时又避免了有意限制控制组机会的嫌疑。

让我们思考这个例子，制造部门团队一周平均加班 31 小时。管理层认为必须减少加班。他们认为，用一个新的轮班流程可能会解决这个问题。所以，在整个组织实施新的轮班流程之前，很重要的一步就是判断该行动方案是否可行。公司创建了一个测量设计，让一个团队用新的过程（实验组），另一个类似的团队不用这个过程（控制组）。两个团队是经过精挑细选的，非常匹配——每个团队的加班时间差不多，都用相同类型的制造过程。图 11.1 显示了这两个团队：控制组和实验组。项目开始实施了，结果将在第 7 周的时候开始获取。7 周后，控制组和实验组在加班时间上的差别是 8 小时。因此，每周 8 小时的改进归功于新的轮班流程。客户认为，这个结果足以让管理层对整个制造组织的新系统进行投资。

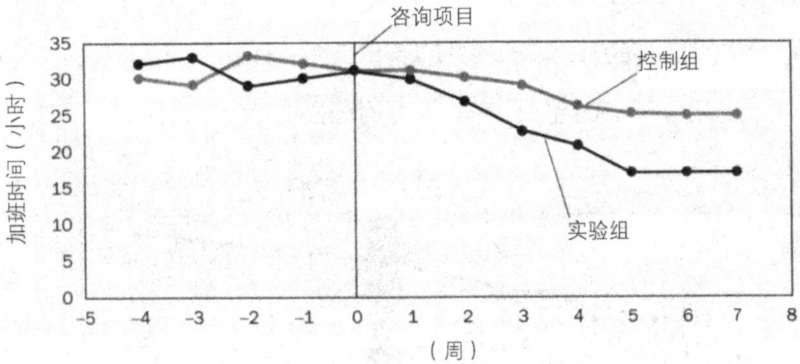


图 11.1 控制组/实验组结果示例

## 分析方式

控制组是隔离效果最可靠的过程，但并不总是可以用，也可能运用到数学关系和计算的其他分析方式。这些方式包括趋势线分析与预测，还可能涉及回归分析。

## 趋势线分析

测量中的实际绩效是长期跟踪的。以这一数据的趋势作为基础，你可以预测：如果没有干预，趋势将如何。在解决方案实施之后，对业务测量的实际绩效进行长期跟踪，然后与趋势线预测进行比较。超出趋势线预测的绩效改进可以合理地归功于绩效咨询项目。虽然这不是精确的过程，但它可以合理地估计咨询的影响。

图 11.2 显示了一家金融服务公司的流程部门所做的一个趋势线分析的例子。该部门的错误率在上升，在绩效咨询项目实施之前 6 个月时平均约为每月 35 个。解决方案的实施是在 6 月，如图 11.2 所示，在咨询项目启动之后，数据的趋势有所下降。根据之前已经确定的趋势，预计如果没有采

取措施，到这一年最后一个季度时错误率将下降到每月 48 个。对这些发现最准确的解释是，将项目实施之后的值（23 个错误）与趋势线预测（48 个错误）进行比较。在这个例子中，两者的区别是 25 个错误。

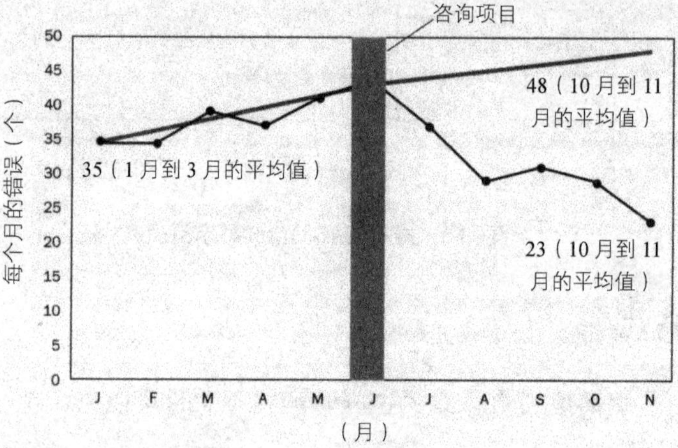


图 11.2　趋势线示例

趋势线分析作为隔离解决方案的一种方式，其主要优点是简单、成本低。如果有历史数据，就可以很快地画出趋势线和估计出区别。虽然不准确，但它的确能可靠地评估对解决方案投入的影响。

就像绝大多数方法一样，趋势线分析的缺点就是它不总是准确。这种方法假设在绩效咨询项目之前，影响业务测量的事件在项目实施之后仍然存在。它还假设在解决方案实施或评估阶段，没有新的影响增加至当前的情况。这些情况总能成立。要使这种方式可靠、准确，就要解决这两个假设，这很重要。

### 预测

预测是比趋势线分析更具分析性的一种方式，利用了能够预测绩效变量变化的数学关系。在咨询项目实施时，如当前情况出现其他因素（变量），这种方式就可用于对趋势线的数学解读。这种方式根据在实施和测量期间发生改变的其他因素的影响，来预测绩效咨询项目的目标业务结果。在项目实施之后，将业务结果的实际价值与预测值进行比较。比较的差别反映了实施的解决方案的贡献。

下面用例子协助说明预测效果。一个健康医疗组织正在关注减少住院时间这一课题，在 7 月，一个新的解决方案针对几个流程做了调整，让诊断、治疗和恢复过程更快，并且具备各种方法可以快速识别并相应地做出决策和调整。所有以上行为的目标都是要减少平均住院时间。图 11.3 显示了在医疗流程调整之前的住院时间，实际数据表明在项目实施之后的 10 个月中平均住院时间有所降低。然而，在新解决方案实施的同时发生了两个重要的变化：第一，保险公司重新发布关于可报销的最长住院时间。这个影响导致组织更关注让病人尽快出院的趋势。第二，入院病人的病情严重程度略有降低。疾病的类型对住院时间的长短有显著的影响。业务流程改进部门的分析师提出了一个预测，考虑到保险公司报销过程和病人疾病类型对住院时间的影响，以此他们将进行多变量的分析来预测住院时间长短，如图 11.3 所示。项目实施之后的数据表明了预测值与实际值之间的差别。这个差别一定程度上可以表示新医疗流程的影响，因为新变化的影响没有包括在预测值中。

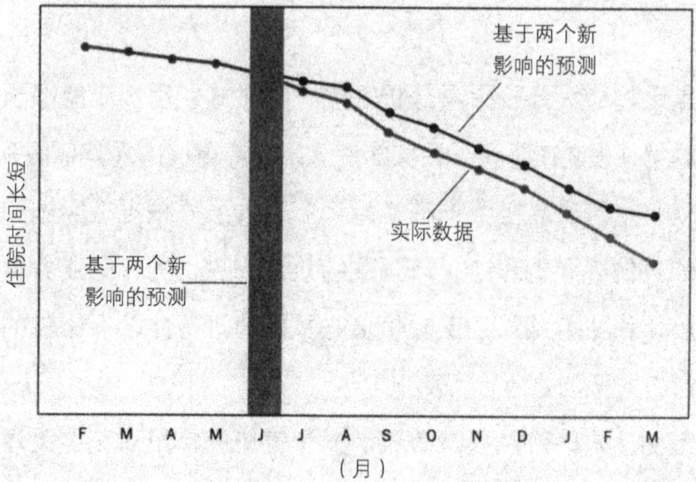


图 11.3　预测示例

当有几个变量进入这个流程时，这种方法的主要缺点就会显现出来了：复杂性倍增。因此用复杂统计模型来进行多变量分析就显得很有必要了。即使这样，数据也可能无法很好地符合模型。遗憾的是，一些组织没有将业务测量的数学关系确定为多个输入的函数，而没有它们，就很难用预测方法。这种方法的主要优点是它能准确地预测：如果没有实施任何解决方案，业务绩效测量的结果将是什么样的。

## 可靠来源的估计

如果分析的方式不可行，那么下一个选择就是要人为地估计实施解决方案的影响。可以用多个不同来源的数据输入，提供对业务测量得到的改进有多少与解决方案有关的估计。这种方法的挑战在于，如何找到最可靠的信息来源。

可靠的来源可以包括：将改进的绩效作为绩效咨询项目结果的目标员工；员工的经理；客户团队和其他资深经理及顾客。无论是哪种情况，参与估计的群体都要熟悉可能影响业务结果的所有因素，这点很重要。

出于可靠性的考虑，我们将关注从目标群体中的员工获得估计结果这一选择。这种方法的有效性取决于一个假设，即员工能够估计出他们的绩效改变在多大程度与咨询项目和解决方案有关。虽然只是估计，但估计的值通常可以被管理层采信，因为他们知道员工处于变革计划的核心。

下面说明如何使用这种方法。针对业务测量结果改变这一事实，让员工来确定（如果你仍然未知）有多少改进是因为解决方案。然后让他们估计百分之几的改变是因为他们参与的解决方案。通过问员工对自己的估计有多大信心来提高这种估计的可靠性：0 表示没有信心，100%表示确定。例如，一位员工表明她相信她 60%的绩效改进是因为她参与的解决方案。然后让该员工估计她对这个估计的信心百分比。该员工表示她对她的回答有 80%的信心。将 60%和 80%这两个值相乘。结果是 48%，表示结果的 48%可以归功于绩效咨询项目中实施的解决方案。然后将这个百分比乘以实际发生的改进总量，其结果就是归功于绩效咨询项目的改进部分。这种经调整后的改进值就可以转化为货币价值，用于确定投资回报率。

这种方法确实有相当的准确性和可信性，在其他方法不可用的时候，它是一种很好的方法。当采取下列测量来确保规范的方法应用时，可靠性就会提高：

- 假设参与者在没有实现改进的情况下，不能提供可用的数据。
- 在分析时，省略那些极端的数据和不完整的、不实际的或没有论据支持的主张，虽然它们可能包含在无形的效益中。
- 对于短期的咨询项目，假设在实施之后的第一年没有来自咨询项目的效益。对于长期的咨询项目，分析中用多于一年的效益。
- 测量的改进结果直接用与咨询项目相关的总量来调整，用百分比来表示。

- 用百分比表示的信心水平乘以调整后的改进值，以减少改进总量的潜在错误。

汇报业务结果和 ROI 的目的，是要向客户展示这些结果，要让客户认为结果是被低估了而不是高估了。通过采取这种方式，将提高客户认为结果可靠、准确的概率。一旦将来自绩效咨询项目和解决方案的结果隔离出来，我们就能将这些结果转化为货币价值。

## 将数据转化为货币价值

有些绩效咨询项目，即使不计算实际的投资回报率，也可以认为是成功的。想想在业务测量中显示出有所改进的项目，如客户满意度或员工积极参与程度的提高。对于很多项目来说，只要知道这些改进与项目直接相关，有这些信息就足够了。然而，有些客户和项目则需要更多信息。我们知道，ROI 是商务语言，许多管理者都用它来判断项目的成败。ROI 研究所的研究表明，高管认为投资回报数据是最有价值的。为了计算一个项目的 ROI，要将作为解决方案已改进的业务测量结果转化为货币价值。然后将这一货币价值与成本进行比较。计算要作为 ROI 等式的分子的货币价值，要求你遵循下列五个步骤。

第 1 步：为每个业务结果定义一个输出的计量单位。

- 输出数据：计量单位可能是生产的一件东西、提供的一次服务、完成的一个项目或销售。
- 时间数据：时间的测量可能包括一小时的循环时间或一分钟的客户响应时间。该计量单位通常以分钟、小时或天数表示。

- 质量数据：质量是一种常见的测量，一个计量单位可定义为一个错误、一个废品、一次客户投诉或一次返工。
- 软数据：软数据的测量各不相同，一个计量单位的改进可能表示一次冲突、客户满意度指数一个点的变化或员工参与问卷调查一个点的变化。

第 2 步：确定每个计量单位的货币价值。在明确要测量的特定项之后，就要确定每个计量单位的货币价值。对生产、质量、成本和时间的测量，过程相对简单，大多数组织保持着记录或报告，可以查明一个单位成品或缺陷的成本。软数据转化为货币价值则比较困难。例如，一次客户投诉或员工积极参与程度一个百分点变化的价值，通常难以确定。当有多个值时，计算时要用最可靠或最低的值。用于表示该值的符号为（$V$）。本章后面将提供确定该值的一些最广为接受的方法。

第 3 步：计算绩效数据的变化。首先判断各个单位的输出数据在隔离绩效咨询项目和解决方案的效果之后的变化。确定发生的变化是由该项目取得的绩效改进——你的第 4 级业务数据。这个价值可能表示个人、团队、一个参与者群体或几个参与者群体的绩效改进。用于表示这个变化的符号是（$\Delta P$）。

第 4 步：确定变化的年化总量。在这一步中，你需要将至少一年的业务测量的绩效变化年化（用符号 $A\Delta P$ 表示）。用年化值是组织在获得咨询项目的货币效益时的标准做法，尽管效益不可能在一整年内都保持不变。为了确保输出可靠，只对短期的项目才将年化效益限制在第一年，而对于长期的项目，要考虑多年的效益，这点很重要。

第 5 步：计算改进的年化值。到这时你可以将年化的绩效变化（$\Delta P$）乘以计量单位的货币价值（$V$），从而得到改进的总价值。

表 11.1 展示了将数据转化为货币价值的五个步骤。

表 11.1　将数据转化为货币价值的五个步骤（示例）

| 背景：制造企业的劳动力绩效咨询项目 | |
|---|---|
| **第 1 步** | **定义一个计量单位** |
| | 在 4 步投诉解决过程中达到第 2 步的投诉量 |
| **第 2 步** | **确定每个计量单位的货币价值** |
| | 请内部专家（如劳动力关系专员）估计，在考虑时间和直接成本时平均每次投诉的成本为 6 500 美元（$V$ = 6 500 美元） |
| **第 3 步** | **计算绩效数据的变化** |
| | 在项目完成之后的 6 个月内，每个月到达第 2 步的投诉总数减少了 10 个。经一线经理判断，减少的 10 个当中有 7 个与绩效咨询项目相关（隔离出绩效咨询项目的效果） |
| **第 4 步** | **确定变化的年化总量** |
| | 在六个月中每个月减少 7 个，由此得出年化的改进总量为 84（$A\Delta P = 84$）。 |
| **第 5 步** | **计算改进的年化值，$A\Delta P \times V$** |
| | 年化值 $= A\Delta P \times V$<br>$= 84 \times 6\,500$<br>$= 546\,000$ |

## 确定计量单位的货币价值

### 标准货币价值

大多数硬数据项（输出、质量、成本和时间）都有标准值，因为这些通常是表明组织财务健康情况的、对组织很重要的测量。标准值被定义为咨询项目关键利益相关人知道并认可的一个转化值。例如，在最近 20 年，质量项目通常都只关注质量的成本，组织专注于计算过失的价值或避免这些过失的回报，将这些价值分配到每件产品之后，即为一件产品的标准成本，这是质量管理计划的关键产物之一。

另外，各种流程改进项目，如流程再造、公司重构、企业转型和持续的流程改进，都是用特定的测量方法来测算成本。

最后，随着各种成本控制、成本约束和成本管理系统（如活动成本的计算）的发展，已经迫使组织和部门认真计算各种活动的成本，在有些情况下，这些成本直接关系到组织的收入或利润。最重要的一点：最好使用组织知道并认可的标准值。

在没有标准值可用的情况下，还有其他几种可将数据转化为货币价值的方法。有一些适合特定类型的数据或数据分类，有一些则基本上可用于任何类型的数据。其挑战在于如何选择最适合的策略。

## 来自记录的历史数据

有时候历史记录包含了需要测量的值，反映出一个计量单位的改进成本（或价值）。这种策略的关键在于要保证有适合的记录，并按要求将涉及产品的实际成本制成表格。例如，一家大型建筑公司启动了一个改善安全情况的项目。该项目改善了几个与安全相关的绩效指标，从政府罚金到工人的赔偿成本等。通过检查公司一年的数据记录，可以确定每项安全措施的平均成本。这些成本包括医疗、保险和损失工时的薪酬支付等。

用历史数据来计算货币价值时需要谨慎，只应在下列两个条件下使用：

- 客户同意用额外的时间、工作和金钱来从当前的记录和报告中形成货币价值。
- 测量简单，只要搜索几秒钟就能找到。

如果不能满足上述两个条件，那就要考虑下面所描述的其他方法之一。

### 来自内外专家的输入数据

当转化没有历史数据可用时，可考虑来自专家的输入，让他们提供一个计量单位改进的成本（或价值）。熟悉情况和管理方面的人通常是最适合作为专家提供输入数据的，因此，这些专家通常是实施绩效咨询项目部门中的一员，或者可能是与你所在组织合作的外部顾问或供应商。大多数专家都有其形成价值的方法。因此，在请求他们输入时，要全面地解释你的需求，提供尽可能多的细节。

## 来自外部数据库的价值

对于一些软数据，可能用基于他人研究的成本（或价值）估计是合适的。这种方法要利用外部数据库，这些数据库收录了关注成本的数据项的学习与研究项目。幸运的是，通过在互联网上搜索，你可以找到一些数据库，它们包含了与绩效咨询项目相关的许多数据项的成本研究。通常来说，离职、缺勤、投诉、事故，甚至客户不满意的成本数据，都可以找到。使用该方法的困难在于，如何找到适合你的特定项目的学习与研究数据库。因为理想状况是搜集的数据来自相似的行业背景。也许有时候所需的行业或组织的数据都很充足，只要进行一些调整就能适合你目前手上的项目。

## 识别无形的效益

绩效咨询项目通常都会取得有形和无形的结果。无形测量是与项目及你为其选择的解决方案直接相关的效益，不必转化为货币价值。这并不意味着你不能将它们转化为货币价值，而是需要考虑这么做的成本或可能带来的可信度风险，因此，最好是在汇报时以无形的效益测量。另外，一些测量即使不与货币挂钩，也是强有力的。无形测量的范围几乎是无限的。如下所示，可能与绩效咨询项目相关的典型无形测量指标包括下列：

- 对工作的满意度
- 组织的承诺
- 氛围
- 积极参与程度
- 员工的抱怨
- 招聘时的形象
- 品牌意识
- 压力
- 领导力的有效性
- 抗压能力
- 关心
- 在乎职业发展的环境
- 客户满意度
- 客户投诉
- 客户响应时间
- 团队合作
- 协作
- 冲突
- 果断
- 沟通

在一些情况下，虽然有些测量指标被转化为货币价值，但通常它们都会作为无形效益来汇报。这其中的挑战在于：如何有效、可靠地识别并汇报它们。对于报告中的每个无形测量指标，需要有证据表明它与绩效咨询项目的关系。在一些情况下，将绩效咨询项目的效果隔离出来，可能会用到本章前面介绍的一种或多种方法。如果客户需要知道与项目相关的无形测量指标的具体变化量，那这一步就是必需的。不过，有时候，无形的效益被当成额外的证据，作为支持性的定性数据。

## 确定绩效咨询项目的成本

监控绩效咨询项目的成本是确定行动计划 ROI 时的一个基本步骤。本质上，投资回报率是通过将结果的总货币价值除以总成本得到的。因此，成本数据的精确度是关键。成本数据通常比效益价值更容易得到。在项目的整个生命周期中持续监控成本是明智的做法。成本监控活动不仅能揭示支出的状态，还能让人看到支出，从而使整个项目团队能明智地开销。持续监控成本比事后再尝试重构事件来获得成本更容易、更精确、更有效。

在用保守的方法来计算 ROI 时，建议全面地计算咨询的成本。用这种方式，将所有可以识别的、与特定咨询任务相关的成本都包含进来。原则很简单：如果你有疑问，那就将这项成本包含进来。在计算好 ROI 并向目标受众汇报时，这个过程在完整性和可靠性上应能经得起最严格的审查。通过这一考验的唯一方法是确保所有成本都被包含进来。当然，如果控制人或首席财务官坚持不用某一项特定的成本，那就省略它。

## 帕蒂·菲利普的逸事

1997 年，杰克和帕蒂的一个共同的朋友介绍他们俩认识。当时，帕蒂刚刚结束 13 年在电力行业的职业生涯并获得在公共行政管理的硕士学位。他们的朋友告诉她，杰克·菲利普需要一位市场营销人员来帮助他建立咨询业务。虽然帕蒂在电力公司最后的职位是市场研究和规划经理，但她的团队负责制定电力价格，而不是营销手册。尽管如此，因为她有空闲时间，所以她决定见一见杰克。

那是五月的一个早晨。他们在当地一家熟食店——Inverness 的 280 号高速路上的 Chappy’s——喝咖啡。这一切还历历在目。他们本来计划见面一小时——结果一直聊了四个小时。帕蒂走的时候带走了杰克的一摞书和一份新的市场营销工作簿，尽管她告诉他：“我没有做手册的想法。”

杰克 1983 年出版的书《培训评价和测量方法手册》（*Handbook of Training Evaluation and Measurement*）是帕蒂读的第一本他写的书。这是关于统计的一版。她立即爱上了这种方法论。这本书描述了如何将经典的研究方法（包括隔离项目的结果和成本–效益分析）应用于企业培训。没有人像这样展示一个框架或模型；对帕蒂来说，这样的想法非常聪明。她接下来真的去了图书馆，研究了评价领域的另一个人——唐纳德·科克帕特里克（Donald Kirkpatrick）。是的，她读了他的论文和描述培训评价四个步骤的 ASTD 文章（唐关于四个级别的书那时还没有出版）。虽然唐的工作很有意思，对培训行业当然是一个很大的贡献，但是杰克的工作更深入方法论、更可信、对高管们更友好。帕蒂曾在组织的业务层面工作过，她能欣赏杰克带到培训评价上的那种深度，并很快看到如何将这个过程应用于市场营销、沟通甚至公共–私人的合作伙伴关系中。她被这个过程征服了。

帕蒂在市场营销方面遭遇惨败，杰克让她去管理业务。但是，她的心在这个过程的应用上。她喜欢和客户一起工作和进行研究。她喜欢写案例研究、对写书做贡献，她想要做这种工作。她不喜欢经营“他的”业务。

过了一段时间，她开始越来越喜欢杰克。在 1999 年 9 月 11 日，他们结婚了。在那个月他们将他们的公司卖给富兰克林柯维公司（Franklin Covey），而帕蒂开始了新的创业。杰克在与富兰克林柯维公司的合约结束后，加入了她的公司，他们一起经营 ROI 研究所。

他们共同的朋友在 1997 年介绍他们认识。帕蒂先是爱上了 ROI 方法论，后来才爱上杰克。他的过程变成她的过程；他的公司变成她的公司。她的 ROI 提高了，而他的无形效益则达到了前所未有的巅峰。

今天，他们都在做他们热爱的事情，热爱他们所做的事情，而且是他们一起做。

## 成本审计选项

表 11.2 显示了用全面的、保守的方式来跟踪成本时推荐的成本分类。我们将首先讨论前四类。这些分类表示在分配成本时的不同方式。

- 按比例分摊。成本要在多个项目中分配。例如，一项设备买来是要解决组织所遇到障碍的。但可能这个设备会有很多人用，而不只是变革项目中的人。那么，它的成本就应该在这些人中按比例分摊。
- 项目支出。第二列的成本是直接核算到咨询项目上的。通常，这些是项目大部分的费用。举个例子，购买独立咨询公司开发的培训项目所用的成本。
- 咨询团队费用。第三列包括咨询团队所消耗的费用。可能咨询团队被列入组织的人力资源部门管理。而这些费用就被认为是部门的正常费用。例如，人力资源团队成员在参与绩效咨询项目时的薪酬和福利成本。
- 客户团队费用。最后一列是客户的成本。客户团队可能同意承担员工在参与会议或项目时因脱离日常工作而产生的时间耗费。

**表 11.2　咨询成本分类**

| 成本审计选择 | | | | |
|---|---|---|---|---|
| 成本分类 | 按比例分配 | 项目支出 | 咨询团队费用 | 客户团队费用 |
| A 最初的分析与评估 | | √ | | |
| B 解决方案的设计与开发 | √ | √ | √ | |
| C 采购成本 | √ | √ | √ | |
| D 资本支出 | | | | √ |
| E 实施与应用 | | | | |
| 1. 为顾问的时间支出的薪酬/福利 | | √ | √ | |

续表

| 成本审计选择 | | | | |
|---|---|---|---|---|
| 成本分类 | 按比例分配 | 项目支出 | 咨询团队费用 | 客户团队费用 |
| 2．协调时间的薪酬/福利 | | √ | | √ |
| 3．为参与者的时间支出的薪酬/福利 | | √ | | √ |
| 4．咨询材料和物品 | | √ | √ | |
| 5．差旅/食宿 | | √ | √ | √ |
| 6．设施的使用 | | √ | | √ |
| F 维护和监控 | | √ | √ | |
| G 行政支持与开销 | √ | | | √ |
| H 测量与报告 | | √ | √ | √ |

## 成本分类

有 8 类成本元素需要考虑。

### 最初的分析和评估

最初评估的成本很容易被低估。作为绩效咨询顾问，你可能要设计、实施和汇报来自目标、现状和原因分析的发现。在这个过程中，涉及的成本包括：

- 差旅（焦点小组或面对面的访谈）。
- 用于设计电子化调查问卷的软件。
- 执行与评估相关的多项任务的时间（这些成本通常都是需要完全核算到项目上的）。

### 解决方案的设计与开发

作为绩效咨询项目的一部分，最大的成本之一是解决方案的设计与开发。成本包括：设计与开发的咨询时间，以及购买物资、技术和与解决方案直接相关的其他材料。或许通过原因分析显示，需要新的工作流程——从供应商那里采购；或者在内部创建培训，需要时间和物资。就像需求评估成本一样，设计与开发的成本通常也是完全核算到项目上。但是，在一些情况下，一些大的费用可能需要分摊到几个项目上。

**采购成本**

许多组织从一些其他来源购买硬件、软件和设备设施来直接使用或修改后使用，以此代替开发成本。来自项目的采购成本包含采购价格、支持物料和许可证协议，许多咨询项目既有采购成本，又有设计与开发成本。

**资本费用**

对于需要大笔投资的费用，如重建工厂的设施、购买建筑物和购买大型设备，这些费用应记为资本费用，并在一段时间内分摊。如果设备、建筑物或设施也用于其他项目，那么成本应在几个不同项目中分摊。

**实施与应用成本**

咨询项目中最大的成本通常与实施和交付有关。

- 为顾问的时间的薪酬和福利。包括直接为员工分派顾问所收的费用。该成本表示他们参与项目时间的具体费用，这些直接费用通常只分配到人力资源、学习、组织发展或其他提供咨询专业知识的部门。
- 为协调时间支出的薪酬和福利。实施绩效咨询项目的员工薪酬应包括在内。如果协调者参与多个项目，时间应适当分摊；如果用外部的协调者，所有费用应包含在项目中。重要的问题是：如何准确计算直接参与咨询项目的内部员工和外部提供者的所有时间。你的财务人员或审计人员可以提供组织所用的衡量标准，而对于大多数组织来说，要在员工薪酬之上加上 30% ~50%的值，才能体现员工对组织的真正总成本。

- 为参与者的时间支出的薪酬和福利。参与者参加项目而不能完成自己日常工作时，必须包括为参与者的时间支出的所有成本——包括薪酬和福利。可以想象，这些成本很大，可以用特定工作薪酬的平均值或中间值来估计。
- 咨询材料和物资。咨询材料和物资，如现场日志、讲义、参考指南、案例研究、工作辅助和参与者手册等，还有许可证费用、用户费用和版权费用，都应包含在交付的成本中。
- 差旅和食宿。顾问、员工、引导者、协调者和经理的直接差旅和住宿费用包含在内。项目期间的娱乐休闲活动一般也包括在内。
- 设施的使用。与绩效咨询项目相关的任何会议、事件或活动使用设施的直接成本应包括在内。对于外部的会议，有来自会议中心和酒店的直接费用。如果会议是在公司内部举行的，对组织来说会议室就意味着成本，因此应估计和包含该成本——即使在报告中，设备成本并不常被包括进来。

### 维护和监测以确保结果持续

维护和监测涉及维护和运营作为咨询项目的一部分而实施的系统、过程、程序或解决方案所需的常规费用。这些也可以包括讨论项目和结果的会议。虽然这些不是一直都存在，但它们意味着让新的解决方案继续工作的持续成本。

**行政支持和开销**

另一项成本是行政支持和开销，代表上述计算中不考虑的其他咨询成本。典型的成本包括行政支持的成本、通信费用、办公室开销、客户经理的薪酬和其他固定成本。这通常用大概的估计就足够了。

**测量和报告**

通常总的测量成本分摊在咨询团队的成本中，这是报告全面成本目标的一部分。这类成本包括制定测量策略的成本，设计工具、收集数据、数据分析、准备报告、分发和沟通结果的成本。成本分类包括时间、材料、购买的工具或问卷调查。

## 计算投资回报率的测量

现在我们已经讨论了如何获得决定投资回报率所需要的两个数据：已取得效益的货币价值和成本的货币价值。接下来要计算绩效咨询项目及实施的解决方案的投资回报率。有两种方法最常用，且具有很高的可靠性：

- 效益/成本比（BCR）
- 投资回报率

在选择要用哪种方法时，你的客户和其他利益相关方要理解所用的公式和选用方法的前提假设，这点很重要。理想的情况是，客户实际上已经在这一项上做出了决定——这就大大提高了他们对所要报告的数据的信心。

### 效益/成本比（BCR）

这种方法将来自绩效咨询项目的效益与成本的货币价值相比。BCR 的公式如下所示：

$$BCR = \frac{咨询效益的货币价值}{绩效咨询项目的成本}$$

简单地说，BCR 将咨询项目和解决方案的年化经济效益与该项目的成本相比。BCR 为 1，表示取得的效益与成本的货币价值相等。BCR 为 2，通常写为 2∶1，表明每在项目上花 1 美元，就得到 2 美元的效益。

下面的例子表明了 BCR 的用法。这个咨询项目是为了提高一家非营利组织的采购效率。该项目完成的测量得到了关于节省的直接成本和节省的时间的信息。项目第 1 年的回报是 439 480 美元。总的实施成本是 141 500 美元。因此，效益/成本比为：

$$BCR = \frac{439\,480}{141\,500} = 3.1 : 1$$

每在该咨询项目上投入 1 美元，就能得到 3.1 美元的毛收益。可接受的效益/成本比并没有一个标准；你的组织内部可能有一个可接受的标准。当然，在获取和汇报发现之前，要判断客户可以接受的比例是什么，这点很重要。通常，1∶1 的比例（收支平衡的状态）是不可接受的。我们发现，1.25:1 通常是需要的，这意味着项目的效益是成本的 1.25 倍。

## 投资回报率

最适合测量投资的公式可能是项目的净效益（减去行动计划的成本）除以成本。这个比例通常用百分比来表示，将分数值乘以 100%。ROI 的公式如下：

$$ROI\ (\%) = \frac{绩效咨询效益的货币价值 - 咨询项目的成本}{咨询项目的成本} \times 100\%$$

注意，等式中的分子为“绩效咨询效益的货币价值 – 咨询项目的成本”。这实际上是项目净效益的货币价值。ROI 公式本质上和组织用来测量所有投资类型的回报所用的公式是一样的。例如，当组织新建一个工厂时，投资回报率是将工厂每年产生的收入除以用于工厂建设和运营的投入。每年的收入相当于净效益（年化效益减去成本）。咨询项目的 ROI 为 50%意味着成本已收回，此外还有成本的 50%为“收入”。ROI 为 150%表明成本已收回，还得到成本的 1.5 倍的“收入”。另一种说法是每投入 1 美元，就收回 1 美元，另外还得到 1.50 美元的净效益。

下面是一个质量改进项目的例子。这个项目发生在一个小型制造公司。这个项目的结果令人印象深刻。质量改进产生的年化价值为 243 340 美元。该项目的总成本为 79 400 美元。要计算净效益的货币价值，将 243 340 美元的年化价值减去项目的成本 79 400 美元，结果为 163 940 美元。将这个值输入到下面的公式中。投资回报率为：

$$\text{ROI}（\%）=\frac{163\,940}{79\,400}\times 100\%=206\%$$

换句话说，公司在收回咨询项目的成本之后，每投入 1 美元，就得到 2.06 美元的回报。ROI 公式使咨询投资和其他使用相同公式和类似概念的投资处于同一平台。经常在其他投资中使用 ROI 的核心管理层和财务高管很容易理解 ROI 的计算。

虽然没有广为接受的标准，有些组织对 ROI 确定了一个最低的要求或目标。北美、欧洲和亚太地区的许多公司，对绩效咨询项目的投资设定了 25%的 ROI 目标。这个目标值大于其他许多投资类型的要求。为以提高人力绩效为目标的项目而设计的 ROI 方法，还只是刚刚起步，有时候涉及一些主观的输入，包括估计等。顺便说一句，我们提倡，绩效咨询顾问在汇报来自绩效咨询和测量工作的结果之前，可以与客户一起确定一个 ROI 目标。

## 确定ROI的捷径

1．ROI 分析涉及的步骤有时可包括在绩效咨询项目中，由咨询团队来实施。有时候这包括用于隔离项目效果或将数据转化为货币价值的工作辅助。

2．使用估计可以节省时间，有时候，如果估计值是来自可靠的信息来源，以不带威胁性、无偏见的方式收集的，那么估计值也是非常关键的指标，估计过程中，错误需要被及时调整。

3．分担责任。如果将 ROI 方法论中所有流程与分析都留给咨询团队，那就可能会占据太多时间。有时候参与项目的员工同样可以隔离出项目的效果，甚至将数据转化为货币价值。

4．如果数据不能可靠地、用最少的资源转化为货币价值，那就不要做这样的转化。通常来说，个人在决定是否将该测量结果转化为货币价值时会有分歧。

5．计划是这个过程的关键部分，为双方提供了一个机会，一起来决定即将采用的方法与步骤。计划节省了整个过程的时间，可以将进行 ROI 研究所需要的时间减少 20%～30%。

## 本章要点

1. 判断绩效咨询项目的投资回报率是可行的，并且人们越来越倾向于使用该方法，因为这是客户真正寻求的信息。

2. 为提高 ROI 结果的可靠性，将解决方案对业务结果的影响与其他因素隔离出来。

3. 判断 ROI 需要两个数据：

- 作为项目结果的效益的货币价值
- 设计、开发和实施绩效咨询项目和所有解决方案所用的成本

4. 在报告投资回报率时用到两个公式：

- 效益/成本比（Benefit/Cost Ratio，BCR）
- 投资回报率

## 下 载

这里列出了支持本章内容的工具。工具可以从 Berrett-Koehler 网站购买和下载。下载指南请见第 238 页。

➤ **投资回报率分析计划**

➤ **投资回报率分析的指导原则**

- 选择适当的隔离方法
- 是否要转换工作辅助
- 成本跟踪模板

# 第 4 阶段

# 报告和推动可持续结果

9

向客户报告结果，制定促使结果可持续的计划

### 第 12 章　报告结果并制定促使结果可持续的计划

掌握相关数据后，是时候与客户和其他利益相关者分享结果了。本章介绍了准备和管理报告会议的技巧。除此之外，文中还讨论了推动改变和成果可持续的五项原则。我们还分享了与客户重修旧好的三种情况。

# 第 12 章

# 报告结果并制定促使结果可持续的计划

“持续：就是开始并延续一段时间或没有中断。”

——《牛津词典（美国英语）》

到目前为止，你已经完成了绩效咨询项目，在测量的五个级别上也都有了成果。现在你和客户有了证据，来表明你们共同的努力在多大程度上取得了成功。在完成项目的所有投入之后，最糟糕的事情就是什么都不做，然而，就具体行动而言，针对结果的沟通与获得结果一样重要。获得结果而不沟通，就像画了一幅优美的风景画却从不展示，这样其他人就不能欣赏到这幅画的美妙。同样，在组织中，如果人们只是被要求输入却从来不知道现阶段获得了什么结果，那么不信任感就会滋长。因此，随时保持针对结果的沟通，无论好坏，都是必要的。

当第一次和客户开会讨论结果时，我们强烈建议你和客户见面或通过视频会议——任何你可以听到和看到对方的媒介。目标是要让客户参与关于结果和将来可能需要的措施的讨论。单向的沟通——如将带有你的结论和建议的报告发送给客户——并不能带来协作的、便利的对话。你要和客户讨论这些调查结果，而不只是汇报这些调查结果。

作为绩效咨询顾问，你必须安排会议，准备好你的调查结果，让它们更容易被理解和解释。下面让我们开始讨论如何为讨论测量结果的会议做准备。

## 准备会议

准备的第一步是研究这些调查结果，并形成对结果所隐含内容的深刻理解。为了做到这点，我们再次回到第 8 章讨论过的数据漏斗，如图 12.1 所示。

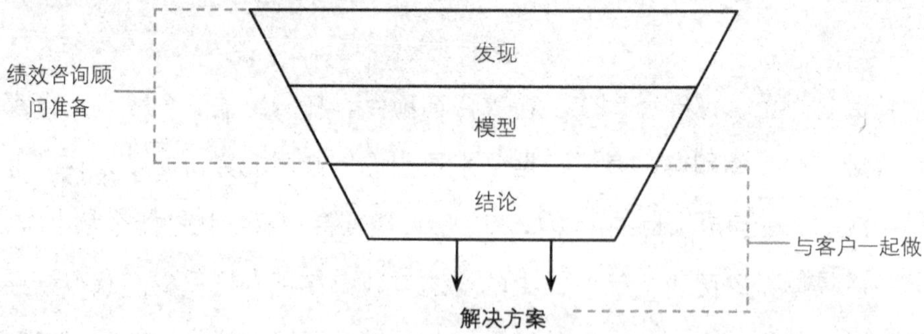


图 12.1　数据漏斗

在数据漏斗顶层的这些调查结果，是在五个级别测量中每个级别的具体数据。对于第 1 级（反应）评估，这些调查结果可以是调查问卷中人们对每个问题选项的回应百分比。对于第 2 级（组织和个人能力）评估，这些调查结果可以是人们对问题测试正确回应的百分比。

可以预料，你在测量项目时可能得到成百上千个数据点，用计算机打印出来可能要好几页。将那么长的表格带到会议上给客户看，不仅看起来费时间，而且解释起来也很难。

如图 12.1 所示流程，我们从调查结果中开发模型。首先，你为报告结果会议所做的准备，就是要将这些调查结果组合成有逻辑的数据模型，而不要轻易对它们进行解释。如果你已经进行了第 3 级（绩效测量），你可能在一列中列出那些在可接受水平以内的工作行为，在另一列中列出那些没有表现出期望效果的行为。对于第 2 级（组织和个人的能力）的测量，你可以用这种方式来报告组织障碍被消除的程度，在第一列中列出已被消除且不再是障碍的因素，在第二列中列出那些仍然存在且还是潜在问题的因素。你的目标是帮这些数据"减肥"，让数据变得精简，以便客户在一开始便可以观察到信息中的趋势和模式。

数据漏斗的狭窄部分包含可以从模型中得出的结论。当你形成结论时，其实就是一个解释模型的过程。作为项目的顾问，一件重要的职责就在于你要在与客户见面之前研究模型并初步形成结论。然而，在与客户的讨论会上，在正式得出结论时，你也要请客户提出他们的观点。试想，一个容量为 8 盎司、装了 4 盎司水的杯子，可以说它是半满的，也可以说是半空的，两个结论都是准确的，只是角度不同而已。因此，在讨论测量结果时，你要促进大家一起讨论，而不是演讲，唱独角戏。再强调一下，在讨论的基础上，你的重要职责在于，是否可以提出发人深省的观点与问题，当然，你还需要提供与现有模型相关的数据输入。促进关于模型的讨论、鼓励客户对从模型中得出结论，以及深入讨论解决方案，这对会议的成功有至关重要的作用。

准备本次会议还需要哪些步骤?

1. 决定要邀请哪些人参加。选择与会者很重要。显然，你客户团队中的每个成员都应该出席。你可能还有其他想邀请的利益相关方，特别是如果调查结果与这些利益相关方中的一个或多个人相关时。例如，如果你的测量工作专注于改善特定工厂的安全，你可能要邀请负责整个组织安全的人参加。

2. 决定报告调查结果的形式。你是否要创建一份拷贝文档发给与会者？你是否需要幻灯片或其他声音和视觉设备的支持？是面对面的会议、视频会议，还是其他形式的会议？这些事情都需要决定和准备。有一个建议：和评估调查结果一样，我们建议你不要提前将调查报告发送给客户然后再讨论。那样，当你见到客户时，他们已经看了报告并形成他们的结论。你就失去了引导讨论并就这些发现提供见解的机会。

3. 形成会议的目的和议程。一般来说，讨论测量调查结果的会议有如下目的：
   - 讨论并从结果中形成结论。
   - 针对到目前为止已取得的结果，讨论还需要采取何种额外措施来改进。
   - 确定为维持结果的可持续性而需要的措施。
   - 就如何将结果及将来的措施向其他利益相关方沟通达成共识。

这是你的目的吗？还有其他的目的吗？客户是否还有应包含在该会议中的其他议题？表 12.1 提供了这种会议的典型议程，可根据你的具体情况来修改它。

**表 12.1　报告和讨论测量结果会议的典型议程**

1．项目概述
   - 要消除的业务差距和绩效差距
   - 已实施的解决方案
2．所用的测量方法
   - 所包含的测量级别
   - 用于获取信息的来源和方法
3．结果与结论
   - 注释：只列出测量行动计划所包含的级别
   - 第 1 级：反应
   - 第 2 级：组织和个人能力
   - 第 3 级：绩效
   - 第 4 级：业务
   - 第 5 级：投资回报率
4．整体结论与建议
   - 为解决令人不满意的结果而决定采取的措施
   - 为维持结果可持续性而决定采取的措施
5．沟通计划
   - 要接受调查结果与行动建议总结的人
   - 要做的沟通事项的职责分配

4．为主要的客户提供调查报告的预览提纲。有时候主要客户要求你在会议之前准备这种预览提纲；其他时候，你可能根据要报告的结果来决定是否需要事先给主要的客户一个简要的信息。但是，不管何种情况，判断与决策提前提供预览提纲是否有益是非常重要的。如果要提供预览提纲，那么我们之前讨论的所有准备步骤都需要完成。你要与一两个人讨论这些调查结果，并一起判断这些调查结果的含义，以便设计有更多与会者参加的会议。

## 举行会议

以我们多年参加讨论评估与测量调查结果的会议经验，我们认为下列实践有助于推动会议成功。

1．在会议之前将议程分发出去，并在会议开始时浏览议程。

2．按照分类（如第 1 级的结果、第 2 级的结果等）来审查结果。对每种结果，首先评估客户是否认为其可靠、真实。比如："你是否觉得这些调查结果出乎意料？"这样的问题可以用来测试客户接受程度。如果客户不接受这些调查结果，他们可能不会积极投入去得出结论或确定需要采取的措施。相反，他们的目标很可能会转变成怀疑这些调查结果。

3．在整个会议中，顾问需要通过提问问题来引导讨论与得出结论。如果你希望客户负责结果并自己得出结论，这是一个关键的技巧。为了提出有效的问题，你将需要深入理解这些调查结果，以及它们之间内在的模型与主题。

4．当你从一类结果进入另一类结果时，要对讨论进行总结。在白纸或白板上记下总结的要点对你会有帮助。

5．在所有调查结果讨论结束之后，顾问要与客户一起就所需进步采取的措施达成一致。比如，可能需要采取措施来消除绩效结果或业务结果中仍然存在的差距，或者可能需要采取措施来确保已经取得的成果能够持续下去。在讨论这些措施时，还要确定负责人。

6．就测量调查结果和达成一致的措施，讨论决定与其他相关群体是否沟通，以及如何沟通。

7. 在会后，用电子邮件将总结讨论中的关键点与达成一致的措施发送给客户。

在本章中，我们讨论了需要采取措施来确保已经取得的成果在长期能够得以持续。目标是要将绩效和组织的改变制度化，以便推动可持续的业务结果。接下来讨论推动可持续改变的关键原则。

## 推动绩效、组织和业务的可持续结果

如何推动可持续结果，一直以来都受到各方的高度重视，但很难实现。获取我们期待的改变是绩效咨询过程当中相对“容易”的部分，真正的困难是如何在长期中维持这些成果。然而遗憾的是，一旦行动计划相对结束、结果报告完毕，绩效顾问和客户的注意力通常就转移到其他问题上，好像我们默认这些已经取得的成果可以长期维持下去。一个涉及 223 名商界人士的调查问卷表明，比起维持结果所需要的前期和后继活动，大多数组织更关注培训交付（O’Conner，2014）。

然而，改变是很少通过最初的努力就制度化的。这是因为组织中总有两股力量：（1）维持现状的力量，非常具有吸引力；（2）来自组织中，持续不断的各种改变所产生的力量。改变是一种常态。那么，我们作为绩效顾问，需要考虑如何与客户形成合作伙伴关系，以确保我们所做的投入将持久？在制定计划来推动来自项目的改变和成果可持续时，要考虑五项原则。推动可持续性结果的过程，实际上是一个始于前端的过程。也就是说，你在开始设计项目时就要带着维持长期结果的意图。我们在这里提到的五项原则，实际上是与绩效咨询过程密不可分的，必须在项目启动的时候就植入其中，而不是在项目结束时才附加上去。

1. 关注重要的改变。

就像达瑞尔·康纳（Darryl Conner）（2014）所说："重要的改变，是改变人们生活的改变。"在组织中，重要的改变是对业务及其结果具有战略性的长期效益的改变。本质上，重要的改变正是绩效咨询过程所追求的那种改变：战略性的、长期的、与一个或多个业务目标直接相关的。这就是为什么我们指明，如果没有直接关系到一个或多个业务需求，那就只是战术性工作，并不是战略性的，不可能产生长期的效益。这些效益需要被转化为员工个人实际且实用的效益。就像彼得·圣吉（Peter Senge）（2009）所说："当人们看到由项目带来的变化所产生的个人成果时，他们做出承诺的热情与意愿就会自然而然地提高。这反过来又会强化他们的投入程度，促进进一步的学习。"

2. 让客户和利益相关方共同对结果负责。

绩效结果和业务结果，只能通过绩效顾问和客户的合作伙伴关系来实现。我们提出的公式是 1 + 1 = 3，表示我们合作取得的结果比我们独立工作取得的结果要大。这种合作伙伴关系意味着我们要行动起来，与客户一起为期望的结果负责。这就是在整个绩效咨询过程中到处都能看到"建立和维护与客户合作伙伴关系"这句话的原因。与客户建立合作伙伴关系不是一个单一的步骤，如果我们要成功，它必须贯穿项目整个过程。

共同对结果负责是这个原则的另一部分。在我们各自的咨询实践中，我们听到绩效咨询顾问说他们不应该负责结果，因为他们并不"负责"员工操作的工作环境。我们不同意这点。我们可以采取许多措施来影响可以操控工作环境的决策人。当我们评估当前状态的原因时，这些措施就开始了。当客户表示要执行一个不能解决这些根本原因的计划时，我们可以拒绝。如果没有与期待得到项目结果的客户建立良好的合作伙伴关系，没有与其对结果共同负责的意愿，就不可能取得或推动可持续性结果。

3．让多个层级的人积极参与到项目中来。

本质上，任何项目都有三个重要的相关群体，每个群体都扮演一定的角色，需要感到自己参与其中：

- 决策者和提供实现改变所需资源的人是客户。你要与他们建议合作伙伴关系来设计和执行项目。
- 目标员工群体是需要改变绩效的人。显然，这些人需要理解项目对他们以及对组织的效益。
- 处于组织一线和二线的主管和经理，通常在组织中处于目标员工群体与客户之间。我们将这些人称为基层领导。

基层领导对发起重大的变革至关重要。经验不断表明，如果没有积极投入的、有才华的当地基层领导，重大的变革就会很少发生或落地生根（Senge，2009）。这些人每天都被拉到许多不同的事情上。他们试图用更少的人来做更多的事情。他们关注短期的目标，同时也注意长期需求的实现。如果再有一个要求变革的项目，他们就会无暇应对。有一种方法是识别这个群体中的早期采用者，鼓励他们去影响同伴积极支持项目。同伴的影响有很强的力量。制定战术让基层领导参与，对绩效咨询项目最初和长期的成功都是必不可少的。如果我们失去基层领导，我们就失去了这场战斗。

4．庆祝成功。

没有什么能像成功那样可以带来源源不断的成功。那些积极参与的人会继续强化，因为他们已经看到了回报。怀疑论者也开始看到效益是可能的。应该将小的早期成功向所有相关群体传播。业务结果的趋势是朝着正确的方向发展吗？这个问题要让所有人都知道。你是否已经成功地消除了一个工作环境的障碍？也要让一些人知道这个成果。是否有人应用了新的绩效实践而取得积极的结果？要用这个经验作为来自员工的证明，并向所有人传播。这个时候可以与你的早期采用者形成联盟。积极寻求早期采用者体验到的好处并广泛地将这些好处传播出去。请他们和他人分享他们的成功。你要积极地宣传项目，并让人们关注一段时间。

5．及早并经常测量与沟通结果。

测量是关键。"我看到时候就会知道"这句话并不适用于可持续性。推动可持续性结果的原则当中的一个主题是人们需要知道当前的进展及取得的结果。他们还需要知道什么时候会遇到障碍——以及需要做什么来克服这些挑战。

对于任何业务战略，人们越来越关注测量，因为新一代的客户和赞助人要求看到他们分配到计划、流程和项目中的资源所产生的最大回报。绩效改进专业人士……不应该只汇报取得的结果，还应该展示对不良结果的调查，揭示出问题和经验教训，以便持续地改进（Burkett，2013，p.6）。

在绩效咨询过程中，要确保运用这条原则。测量是这个过程必不可少的一部分。形成测量策略是你和客户在一起选择解决方案时做的。获得和汇报调查结果发生在实施解决方案的时候。测量调查结果并向客户和相关群体汇报，以便得到他们的支持和关注。沟通计划应该是你的测量策略中必不可少的一部分，这样才能让客户——和其他利益相关方——知道他们将收到关于结果的信息。

## 要知道何时主动与客户重修旧好

不管你和客户在实施项目时多么深思熟虑，但你们所努力追求的结果仍然会有受到威胁的时候。在这里，我们提出了三种情况，要求你主动与客户重修旧好并采取行动，解决和消除可能的威胁。

1. 客户走了——新的人来了。

你和客户花了几个月时间，规划和实施用来取得绩效结果和业务结果的措施和解决方案。在这个过程中，与你合作的这个人接受了另一个任务，他的职位就空出来了。现在来了另一个人，对他而言，这个角色和这个绩效咨询项目都是新的，他成为你的新客户。这个人需要培养，以满足当前项目和实施解决方案所需推动力的需要，并且要让他了解到目前为止所取得的成果。与这个人的沟通就变得非常重要。了解这个人头脑中对该业务单元未来的战略目标的考虑也很关键。在这个人上任之后，原来的优先级是否需要改变？该项目如何在这个客户希望实现的全局愿景中确定位置？所以你要尽快见到这个人。你实际上有两个目标：确保该客户支持正在进行的项目，开始与这个人建立能够超越这个具体项目的合作伙伴关系。

2. 用“泼冷水”式对话表达不满。

非正式的沟通，对理解人们对这个具体项目的目标、战略和战术的反应很重要。当你在走廊里遇见关键利益相关者中的人（如员工和基层领导）时，问问他们事情进展如何。他们在应用成功经验时是否成功？他们是否正在应对组织障碍的挑战？他们是否看到了从投入中所获得的收益？如果这种侧面的、非正式的沟通有不满的情况开始出现，那就该去见见客户了。不要等到这种不满加深，人们的参与都变得消极了才去。

3. 关注的业务结果令人失望。

关注你和客户合作项目所推动的业务结果。理想地说，客户在取得业务结果的时候，你就能得到业务结果的信息。换句话说，你是最先知道项目在所关注的操作实施上进展如何的人之一。如果结果在开始的头几个月没有改善，不必惊慌。但是，如果在解决方案实施三个月之后还没有变化呢？这可能就是有问题需要解决的一个信号了。将这些结果作为“燃烧的平台”，和客户一起讨论可采取的措施。这时，客户知道的、情有可原的情况可能能够解释当前的结果，也可能需要附加的信息来判断缺乏进展的根本原因。要带着紧迫感行动起来，判断需要什么才能确保前期投入在长期能够产生期望的结果，这点很重要。及早的响应，通常能够将问题扼杀在萌芽之中，不让它植入系统中去。

## 报告结果的捷径

在数据报告中可以追求捷径。虽然本章关注与客户面对面的会议——如果是新客户，这是必要的——但也可能用一些更精简的方法。

1．执行总结、一页的总结、备忘录、博客、可下载的视频和时事通讯文章需要的时间比较少，因为不需要会议的组织时间或准备时间。但是，如果是与客户的第一次接触，那么建议采用简短的会议或面对面的会议。如果是经常合作的客户，你可以走捷径。

2．分担与他人沟通结果的责任，是让其他团队成员参与从而减少某个人工作负担的另一种方法。随着关键利益相关方了解项目结果，他们也能对沟通进程起到帮助作用。

## 本章要点

1．测量调查结果必须与客户和其他利益相关方分享。

2．在报告测量结果时要采用协作的方式。让客户参与得出结论和采取可能需要增加的额外措施的建议这一过程中来。

3．为报告会做好准备非常重要。你要深入了解与测量数据中的调查结果、模式和主题的有关知识。

4．为了推动可持续性结果，所有努力必须专注于对客户、员工和基层领导的重大改变。在整个项目过程中的宣传和庆功活动能够提高取得结果和将结果制度化的概率。

5．判断什么时候因为项目或你所寻求的结果有风险而主动与客户重修旧好很重要。

## 下 载

这里列出了支持本章内容的工具。这个工具可以从 Berrett-Koehler 网站购买和下载。下载指南请见第 238 页。

- **测量报告会议的议程示例**
- **数据报告会议最佳实践列表**
- **琼・克拉维茨（Joan Kravitz）的故事：向高管展示 ROI 研究简报的自述**

# 结 语

## 现在就致力于绩效

好像我们在前面用很多篇幅讨论了直接给出答案的技术在今天用得太频繁了。我们报道的研究结果表明，人力资源、学习与发展和组织发展的专业人士的操作仍然更偏重战术而非战略。在本书中，我们分享了我们所知道的能如何更有效地工作的许多知识，包括如何与客户建立合作伙伴关系，一起识别和应对战略需求（以对组织和业务产生可持续结果的方式）。我们提供了用于形成测量策略与计划的工具和技巧。换句话说，我们已经分享了如何做绩效咨询，以及测量结果的方法。

对这项工作的需求之大前所未有。我们的组织受到竞争力、全球性的挑战、经济的不确定性，以及可以让产品或服务很快过时的技术进步的冲击。在这些机构工作的员工和管理者要比其他任何要素更能确保可持续的成功。优化和提高这些人的绩效，是在以人为本的职能部门中的我们要承担的责任。

我们必须采用这种战略性的工作方式！我们再也不能接受诸如“我们没有时间以这种方式工作”之类的借口。我们不能停留在——做我们一直在做的事情——这个舒适区里。从事战略性工作的机会很多，意义也很重大。如何以这种方式工作，是众所周知的。现在是我们必须将我们所知道的转变为我们所做的时候了。我们所有的人都有责任做到这点。

但是，从哪里开始？马克·吐温说："走在别人前面的秘密是开始动身。"你开始可能范围很小，但这都是可以的。下面是一些建议：

- 也许你和客户之间已经存在很强的合作伙伴关系，尽管这种关系主要关注解决方案。转变这种关系，使你能在选择解决方案之前于早期就介入这个过程。
- 是否有项目要开始了却还没有关于测量的想法？是否有解决方案在未确定问题的根本原因之前就加以实施了？在评估和测量的好处上说服你的客户，然后让这一切发生。
- 将你强力发问的技能磨炼为一种艺术。要记住：你问的问题比你所说的事情更具有影响力。

我们还建议，你要寻求方法来教导在提高人力绩效和影响业务结果方面需要做什么的你的同事和客户。目标-现状-原因的逻辑是组织的根本。当其他人在解决需求时，帮助他们采用这种心智模型。当你运用这种逻辑时，要做到透明，指出你为什么以这种方式来处理问题的基本原理，并且要描述为维持项目所取得的结果而必须采取的行动。

最终，你要运用可能与你过去不同的工作方式承担风险并表现出勇气。这种勇气来自专注于重要结果——人力绩效的提高、组织支持最优和业务结果实现——的决心。解决方案是达到目的的一种途径，它们不是目的。将你从本书中学到的东西转化为你的日常绩效，然后庆祝一定会到来的成功吧。

# 绩效咨询与测量工具

## 购买与下载指南

在本书中，我们引用了图形化、可适配的工具，这些工具可以购买和下载来支持我们所描述的绩效咨询过程。工具可以从 Berrett-Koehler 网站（www.bkconnection.com/pc）上获得。这些工具是 Adobe PDF 或 Microsoft Word 文件格式的。有些工具可以打印出来并共享；有些可以根据你的特定需要和应用需求来修改。

工具列表中包括如下工具。

### 绩效咨询——过程

- 绩效咨询过程

### 绩效咨询——心智模型与逻辑

- 需求层次
- Gaps 地图的元素
- 差距地图——数据输入模板

## 第 1 阶段——识别战略机会

- 组织和行业知识评估工具
- 客户关系战略工作表
- 绩效咨询能力的评估
- 批判性思维能力的评估
- 启动问题列表
- 重构讨论模板
- 主动业务目标谈话的准备清单
- 主动业务目标谈话模板

## 第 2 阶段——评估业务和绩效需求

- 明星员工访谈的准备工作
- 要问明星员工的启动问题列表
- 管理明星员工访谈的技巧
- 比较绩效模型与能力模型
- 试点调查问卷的清单
- 差距与原因分析调查的模板
- 绩效评估的数据来源和方法
- 将频率平均值转化为百分比的转换表
- 根本原因分类
- 差距与原因分析调查模板
- 针对原因的可能解决方案
- 解决方案选择工作表

## 第 3 阶段——实施和测量解决方案

- 校准和测量模型
- 数据收集计划
- 为分析影响和投资回报率选择合适的项目
- 关于提高调查问卷响应率的技巧
- 投资回报率分析计划
- 投资回报率分析的指导原则
- 选择适当的隔离方法
- 转换是否要工作辅助
- 成本跟踪模板

## 第 4 阶段——报告与推动可持续结果

- 测量报告会议的议程示例
- 数据报告会议最佳实践列表
- 琼·克拉维茨（Joan Kravitz）的故事：向高管展示 ROI 研究简报的自述稿

# 术 语

**校准和测量模型**：可视地显示绩效咨询项目前端评估的五个需求（当前状态）与解决方案实施之后的测量的五个需求之间校准的一个模型。将这五个级别的需求所确定的目标作为期望状态结果的目标。

**效益/成本比**：成本除以货币效益的比率。效益/成本比为 2∶1，意味着每获得 2 美元的效益，就需要有 1 美元的成本。

**业务需求**：一个单位、部门或组织的运营目标。这些通常是用定量的方式来测量的（如减少 5%的废品）。

**业务结果（第 4 级）测量**：确定要改进的业务成果，作为绩效咨询项目的结果已经有何种程度的改变。

**能力结果（第 2 级）测量**：确定个人能力（如技能和知识）和组织能力（如工作环境因素）作为绩效咨询项目的结果已经有何种程度的改变。

**原因**：个人、组织内部和组织外部的因素，要么促进绩效，要么成为绩效的障碍。

**客户**：对实现绩效咨询项目所支持的业务目标承担责任的人。客户有两类：持续型和项目型。持续型客户是由于其在组织中的职位，绩效咨询顾问在任何项目工作中都需要与之形成合作伙伴关系；这种关系是持续不变的。项目型客户是对实现由某个特定绩效咨询项目业务目标承担责任的人。

**联系人**：发起绩效顾问服务请求的人。这个人可能是也可能不是客户。

**个人能力需求**：人们要胜任岗位工作所需要的知识、技能和内在能力的要求。有能力会促进绩效；能力不足则会成为成功绩效的障碍。

**无形测量**：对未转化为货币价值的影响的测量。如果结果不能可靠地用少量的资源转换为货币价值，那该结果就称为无形的。例子包括客户满意度或品牌知名度的提升。

**现状**：组织在业务结果，以及人们在具体岗位和工作群体中具有代表性的绩效方面的当前状态。

**隔离解决方案效果**：就取得的结果将解决方案的效果与其他因素分开所用的具体方法。为了使测量结果被认为可信，这一步骤至关重要。

**心智模型**：用于解释信息，并明确给定情况下适当反应的逻辑和框架。绩效咨询顾问所用的逻辑是目标-现状-原因。

**组织能力需求**：组织中能促进或阻碍员工绩效的基础，包括角色与期望的清晰度、指导和强化、激励机制、工作系统和流程、获取信息的难易程度、人员、工具和工作辅助及文化支持。当组织的这些因素是正面的时，它们能够促进期望的绩效；当这些因素都是负面的，它们会成为成功绩效的障碍。

**回报需求**：从实施解决方案的投资上期望得到的回报。目标是让绩效咨询项目的货币效益大于解决方案的成本。

**绩效成就**：人们通过日常表现所产生的结果或产出。成就是通过人们正在采取的集体行为所产生的。

**成就**：管理项目，使其按时并在预算内完成。

**行为**：（1）确保该项目的目的与范围都得到客户同意。

（2）明确项目团队中每个人的作用。

**绩效咨询**：通过提高个人和组织绩效产生业务成果的战略过程。

**绩效需求**：人们为支持组织业务目标而必须产生的工作成就和必须采取的行为。这些通常以行为的术语来测量（例如，销售人员必须排除异议）。

**绩效结果（第 3 级）测量**：确定目标群体成员的工作绩效在实施项目的解决方案之后有何种程度上的改进。

**偏好需求**：目标群体在对所要实施的解决方案及用于实施这些解决方案的策略上的偏好。

**反应（第 1 级）测量**：确定目标群体如何积极地看待解决方案和项目。

**重构请求**：绩效咨询顾问在与客户的讨论中，将重点从对解决方案的讨论转移到对客户所寻求的业务结果和绩效结果的讨论上。要成功地管理这类讨论，绩效咨询顾问要用目标-现状-原因逻辑强力发问。

**投资回报率（ROI）（第 5 级）测量**：确定解决方案的效益在何种程度上大于实施解决方案的成本。ROI 是用净效益除以成本再乘以 100%来测量的。这是资本支出和非资本支出一致使用的标准财务测量。

**区分行为**：明星员工使用的有助于他们成功的做法，是一般员工没有用的。目标是要利用这些区分行为，让工作群体内越来越多的人将这些做法整合到他们的日常表现中。

**目标**：业务和人们日常工作绩效的目标、目的或最终状态。

**明星员工**：在产生的结果和工作方式上都突出的个人。目标是要向这些人学习他们的行为和经验，然后找到更多的方法让一般员工将这些实践整合到他们的日常表现中。

**战略性工作**：直接支持业务目标和组织最终成功的计划与努力。

**症状**：业务或人力绩效差距的指标，而不是根本原因。当识别消除差距的解决方案时，要在已知原因上而不是症状上形成解决方案，这很关键。

**战术性工作**：支持与组织业务战略和目标可能有关也可能无关的人力绩效解决方案的计划与努力。

# 作者简介

**达纳·盖恩斯·罗宾逊**是绩效咨询和人力绩效改进领域一位公认的思想领袖。近30年，她作为Parterners In Change公司的总裁和创始人，协助组织的人力资源、学习与发展和组织发展部门的工作重点从传统的、战术上的转换为以绩效为主导的、战略上的。她与其丈夫合著了七本书和大量文章。这些书被翻译成逾20种语言。达纳荣获过多项殊荣，其中包括来自美国社会培训与发展协会（American Society for Training & Development，ASTD / ATD）的杰出贡献奖和国际绩效改进协会（International Society for Performance Improvement，ISPI）的托马斯·吉尔伯特（Thomas Gilbert Adward）杰出专业成就奖。她是领导力与组织发展名人堂的成员。她还担任ASTD董事会的董事。

达纳现在居住在北卡罗来纳州罗利市，在那里过着她的“退休”生活，其中包括提供咨询、指导、演讲、当志愿者、参加当地大学的课程、在北卡罗来纳州的许多地方骑自行车、旅行以及享受与家人、好友的有趣时光。达纳的电子邮箱是drobinson@partners-in-change.com；她公司的网站是www.partners-in-change.com。

**詹姆斯·C·罗宾逊**是绩效咨询和人力绩效改进领域的一位领袖。二十几年来，詹姆斯担任Parterners In Change公司的董事长，为成百上千家组织提供咨询，帮助它们运用绩效咨询过程和方法实现业务目标。詹姆斯在他的职业生涯中荣获过多项殊荣，包括 ASTD 的杰出贡献将和 ISA 的思想领袖奖。最近的是在 2013 年获得的 ISPI 托马斯·吉尔伯特杰出专业成就奖。在加入达纳的 Parterners In Change 公司之前，詹姆斯是 DDI（Development Dimensions International）DDI 公司的副总裁，担任 DDI 有名的主管培养项目的交互管理总架构师。詹姆斯和达纳合著了多本书，包括《绩效询问》（*Performance Consulting*）的前两版（1995 和 2008）和《战略业务合作伙伴》（*Strategic Business Partner*）（2005），还与肯·布兰佳（Ken Blanchard）合著了《缩小差距》（*Zap the Gaps!*）（2002）。

詹姆斯于 2008 年退休，现在住在北卡罗来纳州罗利市。他的电子邮箱是 jrobinson@partners-in-change.com；公司网站是 www.partners-in-change.com。

**帕特丽夏·普利亚姆·菲利普斯**博士是 ROI 研究所的总裁兼首席执行官，该研究所是投资回报能力建设、实施支持、人际关系和研究的主要来源。作为测量与评价领域的知名专家，她帮助了 50 多个国家的组织实施 ROI 的方法论。

在继 13 年电力行业的职业生涯之后，自 1997 年以来，帕特丽夏投入了 ROI 的研究和实践中，践行 ROI 方法论。为了这项事业，她在私营企业和公共部门组织中实施了投资回报。她在许多项目上进行 ROI 的影响研究，如领导力发展、销售、新员工融入、人力绩效改进、K-12 教育者发展和教育者的全国委员会认证（National Board Certification）指导。她与人合著或编辑过的书超过 30 本。

帕特丽夏通过 ROI 认证过程教别人实施 ROI 方法论，她是 ASTD 的 ROI 和测量评估学习课程的讲师。她还是南密西西比大学墨西哥湾岸区校区（the University of Southern Mississippi-Gulf Coast campus）人力资本发展博士课程的教授。她还担任了位于意大利都灵的联合国系统工作人员学院（UN System Staff College）的兼职教员，通过学校的评价与影响评估课程和基于结果的管理测量来教授 ROI 方法论。她担任众多博士论文答辩委员会委员，帮助学生开发他们自己在测量、评价和 ROI 上的研究。

帕特丽夏的电子邮箱是 patti@roiinstitute.net；她公司的网站是 www.roiiinsti tute.net。

**杰克 · J · 菲利普斯**博士是可靠性、测量与评价领域的一位世界知名的专家。杰克为世界 500 强企业和主要的全球机构提供咨询服务。他是超过 75 本书的作者或编辑，并参加过世界各地举办过研讨会。

杰克曾因他的书和工作获得过多个奖项。会议通讯（Meeting News）根据他在投资回报率（ROI）方面的工作，曾三次评选他为会议和活动产业的 25 位最具影响力的人物之一。人力资源管理协会（The Society for Human Resource Management，SHRM）因他写的书而给他颁奖，还因他在 ROI 方面的研究颁给他创造力方面的最高奖项。ASTD/ATD 也因杰克在 ROI 领域的工作颁给了他最高奖项——职场学习与发展领域的杰出贡献奖。杰克的作品被刊登在《华尔街杂志》、《商业周刊》和《财富》等杂志上。2012—2013 年杰克担任 ISPI 总裁。

他在测量和评价上的专业知识是建立在 27 年多航空航天、纺织业、冶金、建筑材料和银行业等多个行业的企业经验上的。杰克的职业经验还包括在两家《财富》500 强企业担任培训与发展部门的经理。他还担任过两家企业的人力资源专员，担任过一家地区银行的总裁和一所州立大学的管理学教授。这样的背景使杰克提出了 ROI 方法论——为各种学习、绩效改进、人力资源、技术和公共政策项目提供底线数字和可靠性的一个革命性过程。

杰克的电子邮箱是 jack@roiinstitute.net；你可以在 www.roiiinstitute.net

了解关于他的公司的更多信息。

**迪克·韩肖**是Handshaw公司的董事长，这是他于1985年创立的公司。迪克是教学设计创新与质量领域的一名顾问、演讲者、作者和拥护者。他是该领域的先锋，是第一位创建基于计算机的、带有交互性视频的培训的设计者。他在学习与绩效改进领域有35年的专业经验，为许多组织提供过咨询，帮助它们建立基于结果的培训实践。迪克和他的员工提出了迪克教学模型，用于当今的许多组织中。他曾在当地政府部门效力，还曾在两家银行任职。他还在ASTD/ATD的北卡罗来纳州夏洛特分会工作过，曾是ISPI夏洛特分会的创始总裁。迪克参加过多个国际会议，如《培训》杂志、ASTD和ISPI。他于1979年在印第安纳大学获得教学系统技术的硕士学位。他的书《商业结果导向的培训》（*Training That Delivers Result: Instructional Design That Align with Business Goals*）的中文版2016年由电子工业出版社出版。

迪克的电子邮箱是dick.handshaw@handshaw.com。你可以在www.handshaw.com了解到关于他的公司的更多信息。

本书由易虹、张雪钗和陈秋萍翻译。

# 反侵权盗版声明



举报电话：（010）88254396；（010）88258888

传　　真：（010）88254397

E-mail：　dbqq@phei.com.cn

通信地址：北京市万寿路 173 信箱

电子工业出版社总编办公室

邮　　编：100036